23가지 놀이를 통해 3세부터 수학의 개념을 배운다

가기모토 사토시 지음 | 김경은 옮김
신항균(서울대학교 수학교육과 교수) 감수

팝콘북스

KODOMO WO SANSUGIRAI NI SHINAI HON - KATEI DE NOBASU SANSU RYOKU
ⓒ SATOSHI KAGIMOTO 2006
Originally published in Japan in 2006 by DAIWA SHOBO
Korean translation rights arranged through TOHAN CORPORATION, TOKYO.,
and EntersKorea Co., Ltd., KOREA.

이 책은 (주)엔터스코리아를 통한 저작권자와의 독점계약으로 (주)다산북스에서 출간되었습니다.
신저작권법에 의해 한국 내에서 보호를 받는 저작물이므로 무단 전재 및 무단 복제를 금합니다.

일러두기
여기에 나오는 개념은 초등학교 입학 후 수학을 이해하고 공부하는 데 도움이 되도록 구성했습니다. 주로 1~2단계는 3~7세, 3~4단계는 초등학생에게 지도할 것을 권장합니다. 그러나 놀이로 익히는 수학의 개념이라 아이가 좋아하고 하려고 한다면, 나이와 상관없이 진행해도 좋습니다.

수학을 싫어하면 평생 고생할까?

● **수학은 인생에 도움이 되나?**

자녀를 키우는 부모라면 누구나 이런 생각을 하지요. 부모는 아이가 훌륭한 어른으로 성장하여 행복하게 살면 좋겠다고 절실하게 바라기 때문입니다. 그럼 어떤 인생이 행복한 인생일까요? 이 질문에 대한 답은 사람마다 다를 것입니다. 어떤 부모는 대기업에 취직하여 차근차근 계단을 밟아 올라가는 것이 행복한 인생이라고 하고, 또 어떤 부모는 가업을 이어 나가는 것이 행복한 인생이라고 생각합니다. 순풍에 돛 달듯 평범하게 사는 것이 가장 행복하다고 생각하는 부모도 많을 것입니다.

어쨌든 그 모든 인생에는 반드시 도움이 되는 지식과 기능이 있게 마련입니다. 그 중 하나가 수학입니다. 정확하게 말하면 수학을 공부하여 얻은 체계적인 지식은 살아가면서 반드시 도움이 된다고 할 수 있겠지요.

물론 수학의 이론을 전혀 사용하지 않는 일도 있습니다. 사용하더라도 극히 일부분의 지식만 사용할 수도 있고요. 하지만 수학을 공부하면서 얻게 되는 이익은 의외로 많답니다.

🔵 수학적 발상이란 무엇인가?

수학적 발상이라는 말이 있습니다. 과연 무슨 뜻인지 구체적으로 아시나요?

어떤 채소 가게를 예로 들겠습니다.
어느 날, 이 채소 가게 주인인 A씨는 매주 토요일에 상추가 잘 팔린다는 사실을 알았습니다.
왜 토요일에만 상추가 많이 팔릴까요?
이 사실을 알았으니 '매주 토요일에는 상추가 잘 팔리니까 일단 토요일에 상추를 많이 사두자.'는 대책을 마련하는 정도는 다른 채소 가게 주인도 했겠지요.

그러나 그 원인을 알아내기 위해 A씨는 다른 채소의 매출도 그래프로 그려 보기로 했습니다.

그래프를 그려 보니 미묘한 변화가 있었습니다. 토요일이나 일요일에 매출이 증가하는 채소가 상추 외에도 깻잎이나 풋고추 등 몇 가지가 더 있었습니다.

'그렇구나! 토요일이나 일요일에는 삼겹살을 구워 먹는 집이 많구나!'

그래서 A씨는 삼겹살을 먹을 때 또 어떤 채소가 팔릴까 생각하고는 삼겹살과 같이 구워 먹을 수 있는 양파나 버섯, 감자, 마늘을 함께 두기로 했습니다. 그랬더니 그 채소들의 매출도 올랐습니다. 이것이 바로 수학적 발상입니다.

즉, 데이터나 숫자를 정리하여 그 안에 숨어 있는 중요한 정보를 알아내고 그 정보를 앞으로의 대책으로 삼는 것이지요.

또 하나의 예를 들어 볼까요?

영업 사원 B씨는 담당 구역을 일일이 돌면서 제품을 팔았습니다. 그런데 장소에 따라 잘 팔리는 구역과 그렇지 않은 구역이 있었습니다.

그래서 B씨는 담당 구역의 지도를 펼쳐 놓고 제품이 잘 팔리는 곳에 표시를 했습니다. 그리고 지도 위에 잘 팔리는 구역과 잘 팔리지 않는 구역을 구분하여 색칠했습니다.

그러고 나서 그는 중요한 사실을 알았습니다. 제품이 잘 팔리는 구역은 모두 초등학교 주변이었던 것입니다.

그 후 B씨는 초등학교 주변 지역을 위주로 돌아다니기로 했습니다.

그랬더니 그렇게 하는 것만으로도 영업 효율이 훨씬 좋아지고 매출 실적도 이전보다 몇 배나 늘어났습니다.

이런 사고가 진정한 수학적 발상입니다.
수학적 발상은 직접 숫자를 다루지 않아도 여러 가지 방법으로 떠올릴 수 있습니다.
물론 위와 같이 지도에 일일이 표시를 하지 않아도 일반적인 영업은 할 수 있겠지요. 하지만 우수한 실적을 얻기 위해서는 수학적 발상이 필요합니다.
그 외에도 호텔에서 어떤 달에 어떤 손님이 많은지를 조사하거나 중학생 대상 학원에서 어느 시기에 입학 문의가 많은지를 조사하는 등, 효율적으로 일하는 데는 꼼꼼한 관찰과 분석적인 사고가 필요합니다. 비즈니스에서 수학적 발상은 매우 중요한 수단입니다.
이뿐만이 아닙니다. 본문에서도 나오지만, 수학적 발상은 영어를 포함한 다른 과목의 학습에도 응용할 수 있습니다. 이는 수학적 발상이 하나의 사건을 다른 각도에서 살펴봄으로써 해결의 실마리를 찾아내고, 사물에 대한 사고방식을 풍부하게 확장시켜 주기 때문에 가능한 일입니다.
이제 가능한 한 어릴 때부터 수학적 발상을 키우는 것이 훗날 아이에게 큰 도움이 된다는 사실을 아시겠지요?

● **수학을 좋아하는 아이로 키우기 위해 부모가 할 수 있는 노력**

수학은 억지로 공부한다고 실력이 느는 과목이 아닙니다. 어릴 때부터 숫자와 친구가 되어 숫자에 익숙해져야 실력이 붙지요.

이 책은 아이들이 어떤 놀이를 하면 수학적 발상을 키울 수 있을지 고민하며 쓴 것입니다. 간단한 게임들이 많지만 모두 심오한 뜻이 있으며 어른들도 즐길 수 있는 내용입니다.

이 책에서 이야기한 내용들이 독자 여러분의 행복한 인생에 도움이 된다면 필자로서는 매우 기쁠 것입니다.

프롤로그 수학을 싫어하면 평생 고생할까? ✦ 005

숫자 세기

1. 계단 오르기 ✦ 016
- 부모님께 무의식적으로 수학 즐기는 힘을 기를 수 있어요
- 칼럼1 중요한 왼손

2. 종이 세기 ✦ 022
- 부모님께 수학을 잘하려면 손을 움직여야 합니다
- 칼럼2 계산 실수는 엄격하게 다룬다

3. 버스 타기 ✦ 028
- 부모님께 숫자를 세면서 집중력을 기를 수 있어요

4. 시계 보기 ✦ 031
- 부모님께 초등학교 수학에서 틀리기 쉬운 '시간' 개념에 강해집니다
- 칼럼3 수학 실력이 느는 성격이 있다?

5. 외국어로 숫자 세기 ✦ 036
- 부모님께 외국어 공부에 도움이 됩니다

6. 트럼프 나열 ✦ 039
- 부모님께 넓은 공간을 잘 활용하면 문제를 빨리 풀 수 있습니다
- 칼럼4 연필 쥐는 법이 중요한 이유

도형과 친해지기

2단계 놀이

1. 선 나누기 ✹ 048
- 부모님께: 선의 등분 연습이 수학의 학력을 크게 좌우합니다
- 칼럼5: 수학을 즐겁게 공부하는 요령

2. 케이크 자르기 ✹ 054
- 부모님께: 원에 대한 기초 지식을 습득할 수 있어요

3. 정삼각형 그리기 ✹ 060
- 부모님께: 도형에 관한 발상을 넓히는 연습이 됩니다
- 칼럼6: 필산과 암산의 관계

4. 블록 놀이 ✹ 066
- 부모님께: 블록 놀이로 집합의 개념을 익힙니다

5. 지도와 배치 ✹ 070
- 부모님께: 생각을 그림으로 표현하면 문제 해결력이 향상됩니다
- 칼럼7: 수학을 못해도 살아가는 데 문제없다?

6. 직소퍼즐 만들기 ✹ 076
- 부모님께: 직관력과 집중력을 높여 줍니다
- 칼럼8: 공부를 잘하는 아이는 자세가 좋다

숫자에 강해지기

3단계 놀이

1. 차량번호 게임 ✷ 086
부모님께 계산을 빨리하는 데 도움이 됩니다

2. 전화번호 게임 ✷ 092
부모님께 상상력과 계산력이 향상됩니다
칼럼9 수학을 꼭 좋아해야 하는가?

3. 계산대 게임 ✷ 097
부모님께 계산 훈련이 됩니다
칼럼10 중요한 계산력

4. 트럼프 점 게임 ✷ 104
부모님께 덧셈의 계산력을 기릅니다

5. 가위바위보 게임 ✷ 108
부모님께 직관을 예리하게 만들 수 있습니다
칼럼11 인사는 제대로

6. 누메로 게임 ✷ 114
부모님께 사칙연산을 즐기면서 배울 수 있습니다
칼럼12 어떤 놀이를 하면 수학 실력이 향상될까?

4단계 놀이 숫자즐기기

1. 정사각형 만들기 ✹ 122
- 부모님께 예습은 수학 실력을 향상시킵니다

2. 길이 재기 ✹ 125
- 부모님께 주변 환경을 파악하는 데 도움이 됩니다
- 칼럼13 선생님에게 불만이 있을 때

3. 종이접기 ✹ 131
- 부모님께 등비수열을 배울 수 있습니다
- 칼럼14 다 모른다고 대답하지 않는다

4. 온도 그래프 그리기 ✹ 138
- 부모님께 예측하는 힘을 기를 수 있습니다
- 칼럼15 이해하기 전에 문제를 풀자

5. 바둑알 나열 ✹ 144
- 부모님께 수열의 이론에 익숙해집니다
- 칼럼16 논리적으로 올바른 의견을 말할 수 있으려면?

에필로그 아무리 좋은 학습지도 아이가 쳐다보지 않으면 소용이 없다 ✹ 150
연습문제 정답 ✹ 153

1단계 놀이

숫자 세기

숫자를 세는 것은 그 자체로 매우 즐거운 일입니다.
리듬을 타며 숫자를 세는 것은
노래하거나 춤추는 것과 기본적으로 같은 동작입니다.
그리고 숫자를 세는 것은 수학의 기본이기도 하지요.
그 즐거움을 느껴 봅시다!

1단계 놀이 1 계단 오르기

계단 좋아하는 사람, 손들어 봐!
우리가 자주 가는 학교나 지하철역에는 계단이 있지?
계단을 올라가면 숨도 차고 다리도 아프지만 숫자를 세면서 올라가면 눈 깜짝할 사이에 끝까지 가 있을 거야.

일, 이, 삼…

숫자를 세면서 계단을 올라 보자.
계단은 몇 개일까?

숫자를 세는 방법에는 여러 가지가 있어.

천천히 올라갈 때는

하나, 둘, 셋, 넷, 다섯, 여섯, 일곱, 여덟, 아홉, 열…….

빨리 올라갈 때는

일, 이, 삼, 사, 오, 육, 칠, 팔, 구, 십…….

이렇게 세면 돼.

연습 문제

- 아파트 계단은 ☐ 개
- 학교 계단은 ☐ 개
- 근처 공원의 계단은 ☐ 개
- ☐ 의 계단은 ☐ 개

그리고 한 계단씩 건너뛰면서 올라갈 때는
이, 사, 육, 팔, 십, 십이, 십사, 십육, 십팔…….
이렇게 숫자도 하나씩 건너뛰며 세면 더 쉽단다.
아파트 계단이나 학교 계단, 근처 공원의 계단이 몇 개 있는지 세어서
빈 칸에 써 볼까?

부모님께—이 놀이를 통해 익히는 힘

무의식적으로 수학 즐기는 힘을 기를 수 있어요

아이들은 원래 숫자 세는 것을 좋아합니다.
숫자를 센다는 것은 음악처럼 리듬을 느낄 수 있고 즐거운 행동이기 때문이지요.
아이들에게 노래를 부르는 것과 숫자를 세는 것은 같은 의미입니다.
그런데 초등학교에 입학하면서 숫자에 거부 반응을 보이는 아이들이 있습니다.
수학 시간에 친구들에 비해 계산을 못하는 아이는 수학이 자신을 괴롭히기 위해 생긴 과목이라고 생각합니다.
그렇게 아이가 계속 수학을 싫어하면 안 되겠지요. 그래서 이렇게 단순한 동작을 통해 수학이 얼마나 우리 가까이에 있는지 가르쳐 주어야 합니다.
'하나, 둘, 셋······.' 계단을 세면서 올라가는 습관은 그토록 싫어하던 수학을 잊어버리게 합니다.
원래 수학은 공부하고 싶을 때 공부하면 머리에 쏙쏙 들어오지요.
그러다가 어느 순간 수학을 공부하기 싫을 때가 오기도 할 것입니다.
그럴 때 계단을 올라가면서 무의식적으로 수학의 즐거움을 느끼는 것은 수학을 효율적으로 공부하는 요령입니다.
그러므로 아이와 계단을 올라갈 때는
'하나, 둘, 셋, 넷······.'
이렇게 숫자를 세면서 즐겁게 올라가세요.
때로는 노래를 부르면서 노래의 박자와 한 발 한 발 타이밍을 맞춰 가며 오르는 것도 좋은 방법이겠지요?

COLUMN ❶
중요한 왼손

고등학생이나 대학생이 되어도 왼손을 책상 위에 두지 않고 오른손만 사용하여 필기하는 학생이 많습니다. 이것은 다음 두 가지 면에서 위험합니다.

첫째, **집중할 수 없습니다.**

사람은 왼손과 오른손 사이에 의식을 집중하게끔 되어 있습니다. 두 손이 가까이 있고 그 중심에 연필 끝이 있어야 합니다. 그렇지 않으면 주의가 산만해집니다.

즉, 집중하려면 왼손과 오른손이 오른쪽 페이지의 그림처럼 되어야 합니다.

아이 자신은 스스로 집중하고 있다고 생각하겠지만 한 손으로만 필기한다면 실은 집중하지 못합니다. 이것은 두 손을 사용하는 습관이 붙고 나서 한 손으로만 필기해 보면 확실히 알 수 있답니다.

한 손만 사용하여 필기하면 다른 한 손에도 신경이 쓰이기 때문에 주의가 산만해지는 것입니다.

복잡한 계산이 필요한 수학을 공부할 때 주의가 산만해지면 큰일이죠. 괄호를 벗길 때 +와 -를 틀린다거나 간단한 덧셈을 틀리는 학생들이 있는데, 이것은 집중해야 할 때 집중하지 못하기 때문입니다.

둘째, **건강에 나쁩니다.**

사람의 몸은 심장 등 몇 가지 장기를 제외하고 거의 좌우대칭으로 되어 있습니다. 한 손만 사용하여 필기하면 몸이 기울어지므로 눈, 내장, 어깨 등 좌우 양쪽을 모두 사용해야 할 부분이 한쪽만 혹사당합니다.

어릴 때는 공부 시간이 30분~1시간이지만 대학교에 가면 수업 시간이 보통 6시간 정도이며 도서관에서도 많은 시간을 보냅니다. 그 오랜 시간 동안 계속 한 손만 사용하면 몸에

당연히 이상이 생기겠지요.

실제로 한 손으로만 필기하는 학생들은 대부분 편두통을 앓거나 한 손만 아프다고 합니다. 아무리 공부를 잘하더라도 몸이 아프면 아무 소용이 없겠지요. 건강이라는 관점에서 생각해도 올바른 자세를 유지하는 것은 매우 중요합니다.

아이의 장래를 생각한다면 필기할 때 올바른 자세를 취하도록 해야 합니다. 설령 아이가 싫은 내색을 하더라도 어릴 때부터 주의를 주세요.

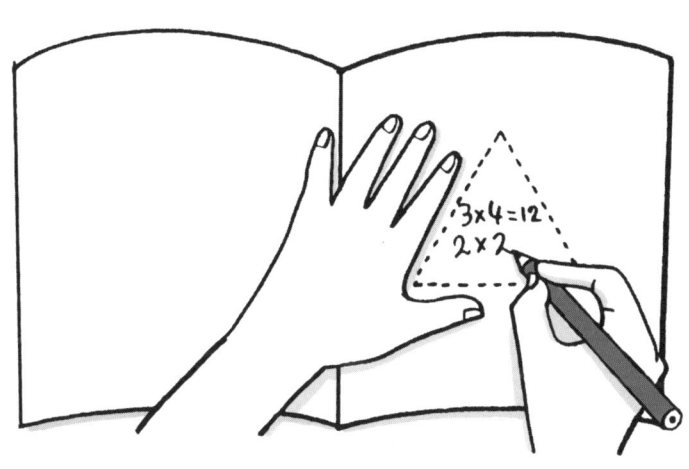

2 종이 세기

1단계 놀이

종이를 잘 세려면 어떻게 해야 될까?

노트, 지폐, 복사물, 트럼프 등 우리 주위에는 종이를 세는 일이 많은데 하나하나 몇 장인지 세려면 좀 번거로울 거야.

종이를 셀 때는 우선 끝을 정리해야 된단다.

우선 흐트러진 종이 끝을 정리하자.

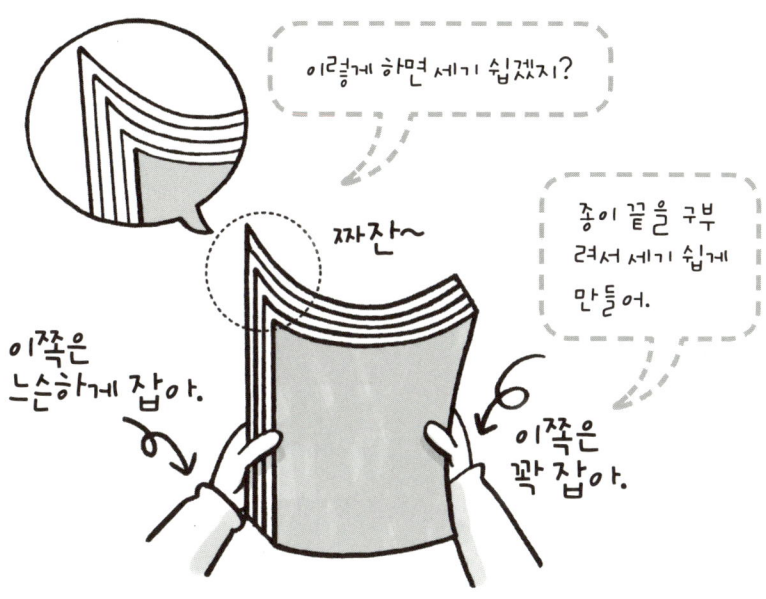

종이가 흐트러져 있다면 그 종이 묶음을 조금 느슨하게 잡고 책상 위에서 탁탁 떨어뜨리면 깔끔하게 정리가 돼.

차곡차곡 정리되면 종이 끝부분을 살짝 구부려.

그러면 정리된 부분이 그림처럼 짜잔~하고 펼쳐져서 세기 쉬워지지. 그 상태로 종이를 세어 봐.

하나, 둘, 셋…… 이렇게 1장씩 세어도 되지만 조금 익숙해지면 둘, 넷, 여섯…… 하는 식으로 2장씩 세는 편이 빨라.

좀 더 익숙해지면 4장씩 세어 보렴. 금방 다 셀 수 있단다.

종이를 세는 것, 의외로 어렵지?

손이 미끄러우면 종이를 놓칠 수도 있고, 세고 있는 동안에 숫자를 잊어버릴 수도 있어.

그러니까 어떻게 하면 종이를 정확하게 잘 셀 수 있을까 생각해야 돼.

아참! 종이에 손을 벨 수도 있으니까 항상 조심하렴.

그럼 이 책은 몇 장으로 되어 있는지 한번 세어 볼까?

페이지 수와 조금 차이가 있을 거야.

다 세면 빈 칸에 써 보자.

연습 문제 ● 이 책은 ☐ 장으로 되어 있다.

부모님께 — 이 놀이를 통해 익히는 힘

수학을 잘하려면 손을 움직여야 합니다

종이를 세는 것에는 두 가지 장점이 있습니다.

하나는 효율성을 생각하는 계기가 된다는 점이고 또 하나는 손을 움직인다는 점입니다. **둘 다 수학 실력 향상을 위해 꼭 필요하지요.**

우선 효율성을 생각한다는 점에 대해 살펴보겠습니다. 수학은 어떤 조건에서 어떤 결과를 얻을 수 있는지를 알아내는 과목입니다. 즉, '어떤 조건'이라는 출발점에서 '얻을 수 있는 결과'라는 도착점까지 달리는 경주와 같습니다. 그러나 운동장 트랙을 달리는 것과는 다르게 도착점까지 가는 길이 여러 가지입니다. 그중에는 도착점에 이르지 않는 길도 있고 생뚱맞은 곳으로 가는 길도 있습니다.

꼭 1등으로 도착해야 될 필요는 없지만 올바른 길을 지나 정확한 지점에 도착하는 것이 좋겠지요. 그러려면 출발점에서 도착점까지 가장 짧은 길을 생각하는 습관이 필요합니다.

종이를 세는 것 자체는 간단하지만 종이를 정확하게 세는 방법을 연구하고 실제로 훈련을 반복해야 올바른 답을 얻을 수 있습니다. 그런 의미에서 종이를 세는 것과 수학 실력은 깊은 관계가 있습니다.

또 종이를 세는 것은 손을 움직인다는 의미에서도 큰 장점이 있습니다. 손재주가 뛰어난 사람은 계산도 잘하고 그림도 잘 그립니다.

특히 마분지 같은 두꺼운 종이를 만질 때는 손을 벨 수도 있으니 항상 조심해야 하지만 **집중력을 기를 수 있습니다.** 이렇듯 종이를 세는 것은 다양한 의미에서 훌륭한 놀이입니다.

그러므로 **올바르고 빠르게 세는 연습을 하면 수학 실력이 향상됩니다.**

아이에게 종이를 여러 장 주고 몇 장 있는지 정확히 세어 보라고 하세요.

COLUMN ❷
계산 실수는 엄격하게 다룬다

시험을 볼 때 문제 푸는 방법은 맞는데 계산을 틀려서 낮은 점수를 받는 학생이 있습니다. 그러면 부모들은 이렇게 말하지요.

"너는 어쩜 그렇게 멍청하니!"

솔직히 말하면 저도 초등학교 때 계산을 자주 틀려서 어머니께 이런 말을 종종 듣곤 했습니다.

간단한 계산을 자꾸 틀리면 혼나야겠지요. 그냥 내버려두면 습관이 되어 계속해서 틀립니다. 하지만 "정신을 어디다 두는 거야?"라고 혼내기만 해서도 안 됩니다.

계산 실수는 원인을 자세하게 분석하고 똑같은 실수를 반복하지 않으려는 노력을 하면 금세 고칠 수 있습니다.

계산 실수에는 반복되는 유형이 있습니다. 그것은 한두 번의 실수로는 모르는데 문제를 많이 풀다 보면 어떤 부분에서 많이 틀리는지 알 수 있습니다.

예전에 제가 가르친 학생 중에서 항상 곱셈을 틀리는 중학생이 있었습니다.

곱셈 계산에서 실수하는 것은 자주 있는 일이므로 언젠가는 고쳐지겠지 하고 내버려둘 수도 있었지만 계속 틀릴까 걱정이 되어 그 학생에게 구구단 문제를 냈습니다.

'중학생인데 설마 구구단을 틀리겠어?'라고 생각하며 문제를 냈는데 그 학생은 8×4를 36이라고 답했습니다.

원인은 여기에 있었습니다. 8×4를 틀리는 버릇이 있어서 곱셈 계산에서 8×4가 나오면 실수를 한 것이었습니다.

그날부터 저는 그 학생을 만날 때마다 "8×4는?" 하고 물었습니다. 그랬더니 그 후로 그 학생의 계산 실수는 전보다 줄었습니다.

이 예는 조금 극단적일지도 모르지만 어쨌든 계산 실수의 원인은 가능한 한 초등학교 때

찾아서 고치는 것이 좋습니다.

아이가 초등학생이라면 되도록 계산 문제를 많이 풀게 하여 **빠른 시일 내에 계산 실수를 줄이도록 해야 합니다.**

1단계 놀이 3 버스 타기

버스에 타면 주로 어디에 앉니?

운전사 아저씨 뒷자리? 버스카드 단말기 옆자리?

아니면 가운데 창가 자리?

버스에 의외로 재미있는 곳이 있는데 알려 줄까?

바로바로~ 제일 뒷자리란다.

맨 뒷자리에 앉아서 사람들이 몇 명 있는지 세어 보렴.

대신 소리도 내지 말고 손가락으로 가리키지도 말고 조용히 세도록 주의해야 돼.

사람이 몇 명 있는지 눈으로만 세어 볼까?

좀 어렵지?

세고 있는 도중에 사람들이 타고 내리니까 그때마다 처음부터 또다시 세어야 해서 힘들 거야.

하지만 한번 세어 두면 사람들이 타고 내려도 원래 수에 더하거나 뺄 수 있으니까 다시 세지 않아도 돼.

다음에 버스에 타면 한번 꼭 해 보렴.

그때 사람의 수를 빈 칸에 써 두기로 하자!

연습 문제

- 그림의 버스에는 ☐ 명의 손님이 있다.

  ● 정답은 153쪽 참조

- 오늘 탄 버스에는 ☐ 명의 손님이 있다.

부모님께 — 이 놀이를 통해 익히는 힘

숫자를 세면서 집중력을 기를 수 있어요

버스는 어른들이 생각하는 이상으로 아이들에게 흥미로운 교통수단입니다. 버스는 놀이공원의 롤러코스터나 모노레일과 같습니다. 바깥 풍경이 시시각각 변하고 승객이 오르내리며 방송도 나오지요. 또 운전사가 버튼을 눌러 문을 열고 닫거나 운전을 하기 위해 움직이는 모습을 볼 수 있는 등 여러 가지 체험을 할 수 있는 즐거운 공간입니다.

그런 버스 안에서 아이와 놀아 보면 어떨까요?

맨 뒷자리에 앉아서 승객 수를 세어 봅니다. 물론 실례가 되지 않도록 손가락으로 가리키거나 소리를 내면 안 되겠지요.

손가락으로 가리키지 않고 소리도 내지 않고 승객 수를 세는 것은 의외로 어렵습니다.

특히 시끌벅적하고 덜컹거리는 버스 안에서 침착하게 숫자를 세는 것은 아이들에게 매우 힘든 일입니다.

또 버스 뒷자리에서 보면 좌석에 가려 보이지 않는 승객도 있어서 집중하지 않으면 빠뜨릴 수도 있습니다.

이 놀이는 중학교나 고등학교 수학 시험 때 요구되는 집중력과 연결됩니다. 경우의 수나 좌표평면 문제처럼 손가락을 가리키거나 소리를 내지 않고 숫자를 셀 경우가 있기 때문입니다.

간단하게 보이지만 **수학의 첫걸음은 숫자를 세는 것에서 시작됩니다.**

반복해서 숫자를 세면 리듬이 몸에 익고 세면서 숫자를 잊어버리는 실수도 줄어듭니다. 물론 처음에는 상당히 어려울 수 있으니 그때는 소리를 작게 내어도 됩니다. 또 흔들리는 버스에서는 눈이 핑핑 돌고 어지러울 때도 있으니 그때는 눈을 감고 쉬게 해 주세요.

4 시계 보기

1단계 놀이

우리 친구들은 눈을 감고 정확히 1분, 즉 60초를 셀 수 있니?

시계에서 가장 많이 움직이는 긴 바늘이 초침이잖아?

그 초침이 딱 0초가 되었을 때 시계를 보지 말고 마음속으로 '1, 2, 3, 4……'라고 1초씩 세어 보자.

그리고 '……58, 59, 60!'이 되었다고 생각하면 시계를 보고 맞는지 확인해 보렴.

만약 60을 세었을 때 0초를 가리켰다면 짝짝짝! 박수를 쳐 줄게.

하지만 아마 대부분은 60초가 되지 않았거나 아니면 반대로 60초를 넘었을 거야.

그럴 때는 '너무 빨랐나?' 아니면 '너무 늦었나?' 생각하면서 다시 침착하게 도전해 보자!

연습 문제 • 60을 세었다면 첫 번째 시도 ☐ 초,

두 번째 시도 ☐ 초

60초를 정확하게 셀 수 있게 되면 체육 시간에 달리기를 할 때 몇 초인지 마음속으로 세면서 달리면 좋겠지?

아무 생각 없이 달리기만 하면 피곤할지도 모르니까 몇 초인지 숫자를 세면서 달리면 신나게 달릴 수 있을 거야.

그리고 각자 달리기 기록도 재어 보자.

꼭 한번 연습하기로 약속해!

부모님께—이 놀이를 통해 익히는 힘

초등학교 수학에서 틀리기 쉬운 '시간' 개념에 강해집니다

아이들은 '시간'이라는 개념을 어렵게 느낍니다.
초등학교 수학에서 가장 틀리기 쉬운 부분은 속도, 시간, 비례 단원이라고 합니다.
시간은 길이와 크기, 개수처럼 직접 눈에 보이는 형태로 만들기 어려워서 실감도 나지 않고 골치 아픈 단원이지요.
그런데 평소에 시간을 신경 쓰면서 행동하면 자연스럽게 속도와 비례의 개념을 익힐 수 있습니다.
예를 들어 50m를 10초에 달렸을 때 1초에 대략 5m 달리는 계산이므로 '나는 초속 5m구나.'라고 생각할 수 있습니다. 또 5초 달렸을 때는 '5초는 10초의 절반이니까 50m의 절반인 25m를 달렸구나.'라고 생각할 수도 있지요. 이렇게 하나하나 발견하다 보면 속도나 비례의 개념이 쉽게 다가올 것입니다.
즉, 속도나 비례에 익숙해지려면 **시간의 개념을 실생활에 연결 지어 이해하면 됩니다.**
그래서 60초를 정확하게 재는 연습은 속도나 비례를 이해하기 위한 첫걸음이 되는 놀이라고 할 수 있습니다.
물론 단순한 놀이이므로 금방 질릴 수도 있지만 시간 때우기용으로 해 보는 것도 충분히 효과가 있습니다.
시계를 보지 않고 60초를 정확하게 세는 것은 시간 개념이 있는 어른에게도 어렵습니다.
부모님도 아이와 같이 세면서 경쟁해 보면 재미있지 않을까요?

COLUMN ③
수학 실력이 느는 성격이 있다?

냉장고에 들어 있는 케이크를 아이가 몰래 먹었습니다.

그 모습을 본 부모님이 무서운 얼굴을 하고 "너 냉장고에 있는 케이크 먹었어?"라고 물었습니다.

이때 아이의 반응은 다음과 같이 생각할 수 있습니다.

(1) 혼날 것 같아 모른다고 한다.
(2) 혼날 것 같지만 거짓말은 하지 않고 가만히 있는다.
(3) 혼날 것을 각오하고 먹었다고 솔직하게 말한다.

어떤 반응이 마음에 드시나요?

부모님들은 대부분 아이에게 (3)의 반응을 기대할 것입니다.

(3)의 반응을 한 아이에게는 저녁을 먹어야 하는데 케이크를 먹어서 배가 부르면 밥을 먹을 수 없기 때문이라든가, 그 케이크는 다른 사람에게 선물해야 하니까 먹으면 안 된다든가 케이크를 먹으면 안 되는 이유에 대해 이야기를 할 수 있기 때문입니다.

고등학생의 수학 답안지를 보면 이와 비슷한 상황이 있습니다.

예를 들어 어려운 문제가 나왔을 때 학생들은 다음과 같이 행동합니다.

(1) 자기 멋대로 푼다(문제에 대해 다르게 해석하여 풀어 나간다).
(2) 백지로 둔다(모르니까 생각만 하고 있다).
(3) 능력껏 푼다(문제를 다 풀지는 못해도 아는 부분만 답안지에 쓴다).

이 중에서 수학 실력이 느는 학생은 (3)의 경우뿐입니다. (3)의 학생만이 정답 근처까지

가기 때문입니다.

100% 정확한 답은 내지 못해도 정정당당하게 아는 만큼 푸는 것이 수학 공부의 첫걸음입니다.

'나는 무엇을 알고 무엇을 모르는가?'

'나는 무엇을 맞히고 무엇을 틀렸는가?'

수학을 공부할 때는 이 점을 항상 인식해야 합니다.

알고 있는 것과 맞은 답은 쓰고, 모르는 것과 틀린 답은 쓰지 않는다.

이것만 지키면 수학 실력은 반드시 향상됩니다.

정정당당하고 솔직한 성격 형성에 도움이 되는 수학, 참 좋은 과목 아닌가요?

1단계 놀이 5 외국어로 숫자 세기

외국어로 1부터 10까지 셀 줄 아니?

우선 영어부터 알아보자.

one	two	three	four	five	six	seven	eight	nine	ten
1	2	3	4	5	6	7	8	9	10
원	투	스리	포	파이브	식스	세븐	에이트	나인	텐

프랑스어로는

un	deux	trois	quatre	cinq	six	sept	huit	neuf	dix
1	2	3	4	5	6	7	8	9	10
엉	두	트루와	카트르	셍크	시스	세트	위트	뇌프	디스

스페인어로는

uno	dos	tres	cuatro	cinco	seis	seite	ocho	nueve	diez
1	2	3	4	5	6	7	8	9	10
우노	도스	트레스	콰트로	싱코	세이스	시에테	오초	누에베	디에스

포르투갈어로는

um	dois	três	quatro	cinco	seis	sete	oito	nove	dez
1	2	3	4	5	6	7	8	9	10
웅	도이스	트레스	콰트루	싱크	세이스	세치	오이트	노브	데스

발음들이 좀 비슷하지 않니? 이번에는 독일어로

eins	zwei	drei	vier	fünf	sechs	sieben	acht	neun	zehn
1	2	3	4	5	6	7	8	9	10
아인스	츠바이	드라이	피어	핀프	젝스	지벤	아흐트	노인	젠

그럼 이웃 나라도 알아볼까?

중국어로는

一	二	三	四	五	六	七	八	九	十
이	얼	산	스	우	리우	치	빠	지우	시

일본어로는

一	二	三	四	五	六	七	八	九	十
이치	니	산	시	고	로쿠	시치	하치	큐	쥬

어때? 재미있지?

만약 외국인을 만나면 어느 나라 사람인지 물어 보고 그 나라 말로 1부터 10까지 어떻게 읽는지 배워 보렴.

부모님께—이 놀이를 통해 익히는 힘

외국어 공부에 도움이 됩니다

외국어는 어려우면서도 복잡합니다.

외국어를 배우려면 먼저 글자를 읽고 쓸 줄 알아야 되며 그러고 나서 다음 세 가지를 배웁니다.

그것은 바로 인사, 'ㅇㅇ는 △△다.'라는 구문, 그리고 숫자입니다.

외국에 갔을 때 외국어로 물건만 살 수 있으면 다른 것은 문제없습니다.

그러려면 "안녕하세요. 이것은 △△입니까? 이것을 2개 주세요. 고맙습니다. 안녕히 계세요."라는 말을 익혀야겠지요.

여기에서 인사, 'ㅇㅇ는 △△다.'라는 구문, 그리고 숫자만 알면 최소한으로 필요한 대화는 가능합니다.

그래서 여기서는 가장 배우기 쉬운 숫자를 다루었습니다.

전 세계에 외국어는 엄청나게 많습니다. 여기서 다룬 외국어로는 부족하겠지만 우선 일상생활에 자주 나오는 영어, 프랑스어 등과 문화적으로 비슷한 일본어와 중국어를 예로 들었습니다.

어느 나라에서 어떤 문자를 사용하여 어떤 식으로 숫자를 세는지 조금이라도 알아두면 **아이가 나중에 커서 외국어를 체계적으로 공부할 때 수월할 것입니다.**

특히 숫자는 문자나 발음은 둘째 치고 개념 자체는 전 세계 공통입니다.

그러므로 각 나라의 글자와 숫자에 조금이나마 익숙해지면 좋겠지요?

또 주위에 외국인이 있으면 1부터 10까지 어떻게 읽는지 정확한 발음을 가르쳐 달라고 하세요. 매우 유용한 경험이 될 것입니다.

6 트럼프 나열

1단계 놀이

트럼프를 갖고 놀아 본 적 있지?

우리 함께 트럼프를 이용해서 재미있는 놀이를 해 볼까?

우선 트럼프 52장을 엎어 놓고 이리저리 잘 섞어 봐.

다 섞으면 전부 모아서 정리해 보자.

① 트럼프를 잘 섞고,

② 차곡차곡 정리하자.

그리고 나서 트럼프 52장을 최대한 빨리 스페이드A, 스페이드2, 스페이드3, …… 스페이드10, 스페이드J, 스페이드Q, 스페이드K의 순서대로 정리해.

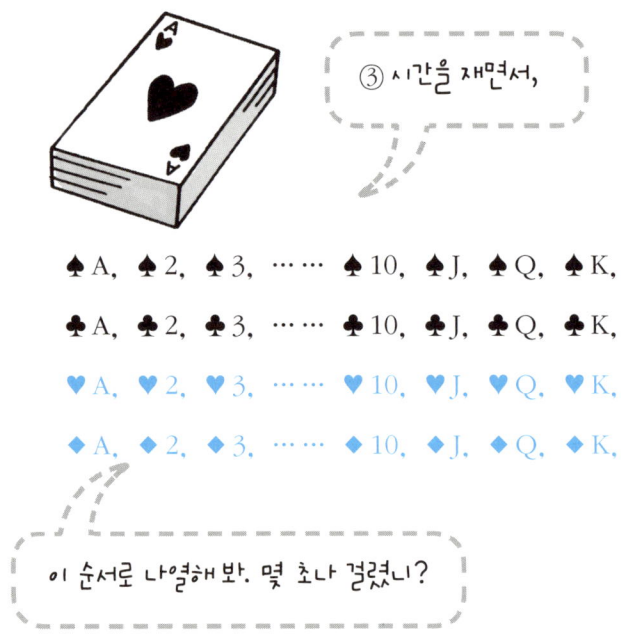

③ 시간을 재면서,

♠A, ♠2, ♠3, …… ♠10, ♠J, ♠Q, ♠K,
♣A, ♣2, ♣3, …… ♣10, ♣J, ♣Q, ♣K,
♥A, ♥2, ♥3, …… ♥10, ♥J, ♥Q, ♥K,
♦A, ♦2, ♦3, …… ♦10, ♦J, ♦Q, ♦K,

이 순서로 나열해 봐. 몇 초나 걸렸니?

클로버랑 하트, 다이아몬드도 똑같은 순서로 나열해 보렴.
어떻게 하면 빠르고 정확하게 정리할 수 있을까?
① 넓은 책상 위에서 정리하려면 어떻게 해야 할까?
② 좁은 바닥 위에만 카드를 놓아야 한다면?
③ 책상을 사용하지 않고 손으로만 정리하려면?

빨리 할 수 있겠니?

각각의 시간을 재어 보자.

그리고 걸린 시간을 빈 칸에 써 봐.

부모님께 — 이 놀이를 통해 익히는 힘

넓은 공간을 잘 활용하면
문제를 빨리 풀 수 있습니다

정보 공학 용어에 '시간-공간 트레이드 오프(trade off between space and time)'라는 말이 있습니다.

이것은 공간을 많이 사용하면 시간을 단축할 수 있고 반대로 공간을 줄이면 시간이 걸린다는 단순한 이론입니다. 어떤 작업이든 넓은 곳에서 하는 것이 효율적이지요.

트럼프 나열(이것도 전문 용어로는 '소트(sort) 문제'라고 합니다.)은 그 이론을 체험하기 위한 좋은 놀이입니다.

빨리 나열하고 싶으면 책상 전체를 사용하여 카드를 순서대로 나열하고 다시 정리하면 됩니다.

하지만 사용할 수 있는 장소에 제한이 있으면 효율성이 떨어지지요. 예를 들어 손만 사용해야 하면 차례대로 나열하고 정리하기 어렵습니다.

제가 가르치는 학원에 성실하고 공부도 잘하는데 유독 수학 성적이 늘지 않는 학생이 있습니다. 그 학생은 여백의 미를 중시하는지, 노트에 필기할 때 글씨를 깨알같이 쓰고 문제를 풀 때도 풀이 과정을 조그맣게 씁니다. 노트의 공간을 전혀 생각하지 않습니다.

노트는 트럼프 나열 놀이에서 책상에 해당합니다. 넓은 공간을 잘 활용해야겠다고 생각하면 글씨도 키우고 노트도 자유자재로 사용하게 되지요. 하지만 공간에 대한 개념이 없으면 노트를 잘 활용하지 못해 한 문제를 푸는 데 시간이 많이 걸립니다. 그러면 수학 실력은 전혀 늘지 않습니다.

어릴 때부터 트럼프 나열 놀이를 하면서 **문제를 빨리 풀고 싶을 때는 넓은 공간을 확보하고 주어진 공간을 다 활용해야겠다는 생각을 갖도록 해야 합니다.**

COLUMN ④
연필 쥐는 법이 중요한 이유

최근에는 자유롭고 융통성 있는 교육, 개성을 중시한 교육을 내세운 탓인지 연필 쥐는 법을 지도하지 않는 것 같습니다. 초등학교 선생님이 학생들에게 올바르게 연필 쥐는 법을 가르쳐도 부모들이 "우리는 개성을 중시한 교육을 원합니다. 남들과 똑같이 연필 쥐는 법을 가르치지 말아 주세요."라고 한다네요. 그러니 선생님들도 연필 쥐는 법을 가르칠 수 없는 실정입니다.

하지만 연필 쥐는 법은 꼭 배워야 합니다. 편리한 도구들은 대부분 표준적인 사용 방법을 기준으로 만들어져 있는데, 연필 쥐는 법에도 전 세계적으로 통용되는 방법이 있습니다. 우리가 사용하는 도구들은 표준적인 방법으로 쓰면 가장 사용하기 쉽습니다. 평소에 표준적인 방법에 익숙해지면 다른 도구도 금방 잘 사용할 수 있습니다.

수학도 마찬가지입니다.

연필 쥐는 법에 개성을 주장하는 것은 극단적으로 말하면 "우리 아이는 +를 곱셈의 의미로, ×를 덧셈의 의미로 배우고 있으니까 획일적인 기호의 의미를 가르치지 말아 주세요."라는 것과 같습니다.

전 세계 사람들이 +는 덧셈으로, ×는 곱셈으로 여기는 이상, 아이가 이 기호를 반대로 받아들이면 그 아이만 손해입니다.

초등학교 때부터 수학의 표준을 올바르게 인식하면 중학교, 고등학교에 가서 수학이 어려워져도 금세 이해할 수 있습니다.

초등학생인 경우는 '반드시 식을 쓰고 답을 쓴다.', 중학생인 경우는 '미지수를 x라고 할 때는 반드시 처음에 언급한다.'는 식으로 **기준이 확실히 세워져 있으면 고등학교 수학에도 금방 대응할 수 있습니다.**

수학을 못하는 고등학생을 관찰하면 어릴 때부터 이어져 온 작은 습관의 차이가 원인인 경우가 많습니다.

그러므로 아이가 어릴 때부터 연필을 올바르게 쥐는 법을 가르치세요.

젓가락 사용법도, 나이프와 포크를 쥐는 법도, 야구공을 던지는 방법도 마찬가지입니다.

개성을 중시한다는 명목으로 남들과 다르게 시켜서는 안 됩니다.

개성은 일단 표준적인 방법을 배우고 나서 나타내도 늦지 않습니다.

올바른 기준을 세운 후에 개성을 발휘하면 그 개성은 더 아름답게 빛날 것입니다.

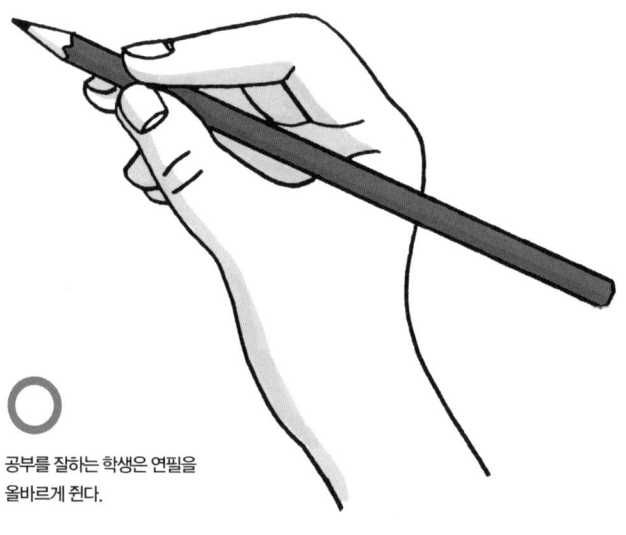

연필을 올바르게 쥐는 법의 예

O 공부를 잘하는 학생은 연필을 올바르게 쥔다.

연필을 잘못 쥐는 법의 예

중지에 힘이 들어가지 않는다.

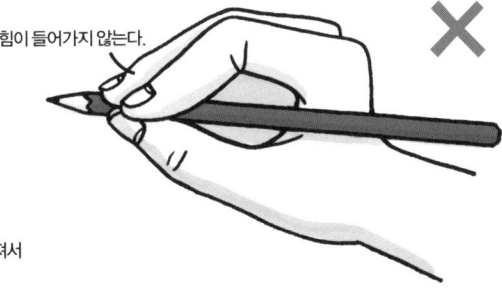

검지에 무리하게 힘이 가해져서
손가락이 아프다.
특히 오랫동안 쥘 때는 주의한다.

별로 좋지 않은 방법의 예

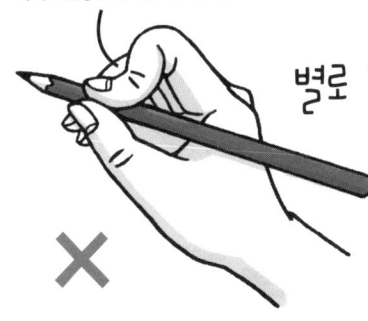

이것은 정말 나쁜 예

2단계 놀이

도형과 친해지기

모든 물체에는 형태가 있습니다.
어떤 작업을 하든지 대상이 되는 물체의 형태를 파악하여
그에 맞는 방법을 사용해야 합니다.
그러기 위해서는 여러 가지 형태를 접해야겠지요.
여기서는 다양한 도형과 친해지는 방법을 소개합니다.

2단계 놀이 1 선 나누기

선을 나누는 놀이를 해 볼까?
잘 나누는 방법을 가르쳐 줄 테니까 한번 연습해 보렴.

● 2등분, 3등분 → 평소대로 나눈다.

● 4등분 → 절반으로 나눈다.
　　　　→ 그 다음에 각 부분을 절반으로 나눈다.

- 5등분 → 절반에서 조금 옆으로 간 곳에서 나눈다.
    → 오른쪽 부분은 절반으로 나누고 왼쪽 부분은 3등분한다.

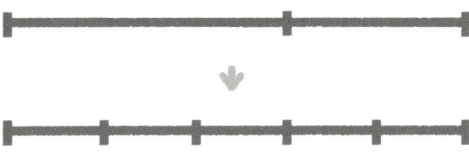

- 6등분 → 절반으로 나눈다.
    → 그 다음에 각 부분을 3등분한다.

- 7등분 → 절반에서 조금 옆으로 간 곳에서 나눈다.
    → 오른쪽 부분은 3등분, 왼쪽 부분은 4등분한다.

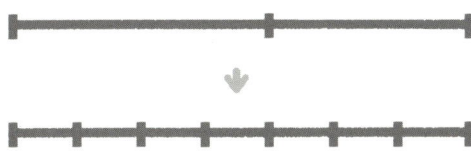

- 8등분 → 절반으로 나눈다.
  - → 그 다음에 각 부분을 절반으로 나눈다.
  - → 각 부분을 또 절반으로 나눈다.

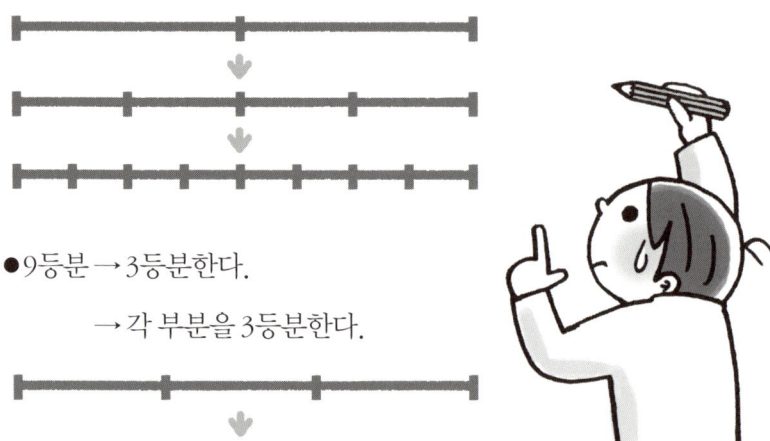

- 9등분 → 3등분한다.
  - → 각 부분을 3등분한다.

- 10등분 → 절반으로 나눈다.
  - → 각 부분을 5등분한다. 어때? 잘할 수 있겠지?

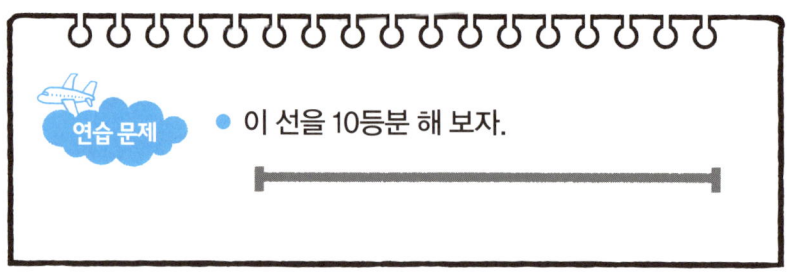

연습 문제 ● 이 선을 10등분 해 보자.

> 부모님께—이 놀이를 통해 익히는 힘

선의 등분 연습이
수학의 학력을 크게 좌우합니다

끈을 절반으로 자르는 것은 간단합니다.

양쪽의 길이가 같아지게 끈을 가운데에서 접으면 그곳이 정중앙이므로 그 부분을 가위로 자르면 됩니다.

하지만 종이에 그린 선을 똑같이 절반으로 나누는 것은 의외로 어렵습니다.

절반이라고 해도 왼쪽과 오른쪽이 조금 차이가 날 수 있으니까요.

하물며 3등분, 4등분은 더 어렵지요.

그런데 중학교, 고등학교에 진학하면 그래프나 도형을 그릴 일이 많아집니다.

그때 선을 등분하지 못하면 더 어려운 수학 문제를 풀 수 없습니다.

선을 등분하는 것은 어릴 때 연습해 두어야 할 중요한 기본 중 하나입니다.

이런 간단한 연습이 장래에 수학의 기초 학력을 크게 좌우한답니다.

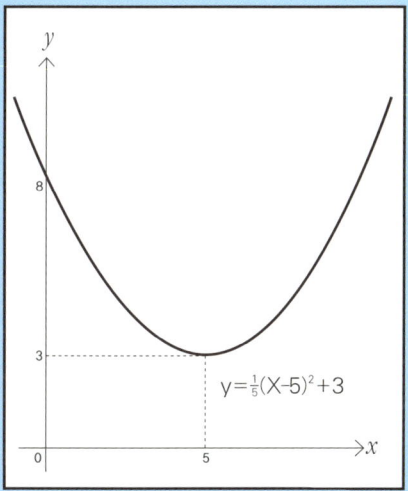

$y = \frac{1}{5}(X-5)^2 + 3$

COLUMN ⑤
수학을 즐겁게 공부하는 요령

수학을 좋아하게 되기는 어렵지만 수학을 공부할 의욕을 가지기는 별로 어렵지 않습니다. 한 번이라도 시험에서 좋은 점수를 얻으면 '나 수학 잘하나 봐!' 하는 생각에 공부할 맛이 납니다.

여러분은 서점에 진열되어 있는 수많은 퍼즐 잡지를 본 적이 있으신지요?
서점에 그렇게 퍼즐 잡지가 많다는 것은 그만큼 퍼즐 책에 대한 수요가 있기 때문이라는 뜻입니다.
즉, 여러 사람들이 숫자 퍼즐을 즐긴다는 이야기이지요.
수학은 어느 정도 집중력과 계산력만 갖추면 문제의 독해력과 몇 가지 공식 사용법을 외워서 꽤 괜찮은 점수를 얻을 수 있는 과목입니다. 그렇게 해서 자신감이 붙으면 자연스레 수학을 공부하게 됩니다.

수학을 즐겁게 공부하는 또 하나의 요령이 있습니다.
바로 **학교 진도보다 먼저 공부하는 것**입니다.
처음 배우는 단원은 어렵게 느껴지지만 반복해서 설명을 들으면 신기하게도 머리에 쏙쏙 들어옵니다.
그러므로 아직 구구단을 배우지 않은 아이와 같이 목욕하면서 '하나, 둘…….' 숫자를 세는 대신에 '2×2=4(이이는 사), 2×3=6(이삼은 육), 2×4=8(이사는 팔)…….'을 연습하는 것이 좋습니다.
아이가 "그게 뭐야?"라고 물으면 "금방 알게 될 거야."라고 말하면서 구구단을 중얼중얼 읊기만 해도 효과는 충분히 나타납니다.

아이에게 제 학년보다 조금 상위 학년의 문제집을 사 주는 것도 좋은 방법입니다.

학교 수업의 예습 복습도 중요하지만 하나, 둘 정도 상위 학년의 문제집을 풀어 보면 수학 공부는 즐거워집니다.

꼭 한번 시도해 보세요.

2단계 놀이 2 케이크 자르기

케이크를 자르는 것은 선을 나누는 것보다 조금 더 어려워.

그렇지만 케이크를 잘 자르는 방법을 가르쳐 줄 테니까 스스로 한번 연습해 볼래?

요령은 케이크를 빙빙 돌리면서 케이크의 중심과 끝부분에 표시를 하는 거야.

자르기 전에 표시를 잘 해 두면 그 다음은 중심과 끝부분의 표시를 자르면 돼.

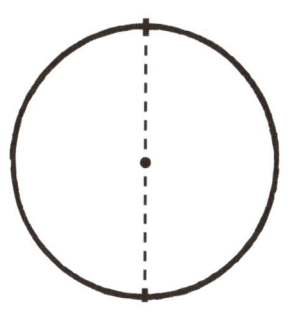

● 2등분 → 표시를 두 군데 한다. 두 군데의 표시와 중심이 일직선이 되는 곳을 자른다.

● 3등분 → 표시를 세 군데 하고 케이크를 돌려서 3등분이 되었는지 확인한다.

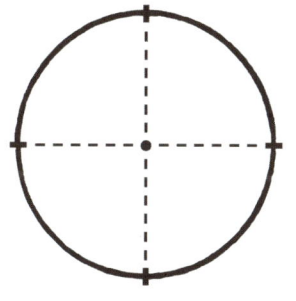

● 4등분 → 절반인 부분에 표시한다.
→ 또 각 부분의 절반이 되는 부분에 표시한다.

● 5등분 → 절반에서 조금 옆으로 간 곳에 표시한다.
　　　→ 오른쪽 부분은 절반으로 나누고 왼쪽 부분은 3등분하여 표시한다.

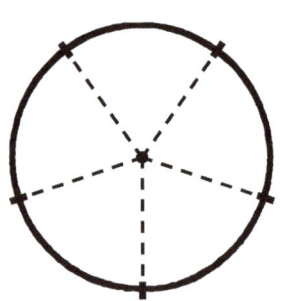

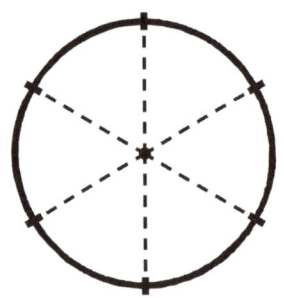

● 6등분 → 절반인 부분에 표시한다.
　　　→ 또 각 부분을 3등분하여 표시한다.

● 7등분 → 절반에서 조금 옆으로 간 곳에 표시한다.
　　　→ 오른쪽 부분은 3등분, 왼쪽 부분은 4등분하여 표시한다.

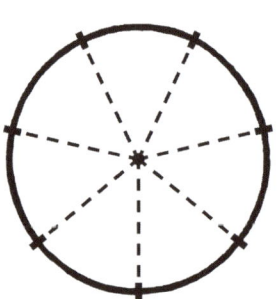

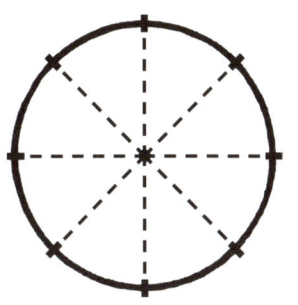

● 8등분 → 절반인 부분에 표시한다.
　　　　→ 각 부분을 절반으로 나누어 표시한다.
　　　　→ 또 각 부분을 절반으로 나누어 표시한다.

● 9등분 → 3등분하여 표시한다.
　　　　→ 또 각 부분을 3등분하여 표시한다.

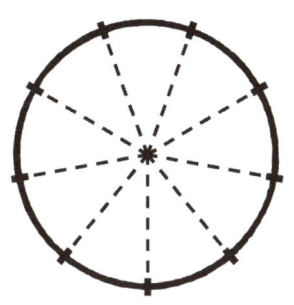

● 10등분 → 절반인 부분에 표시한다.
　　　　 → 각 부분을 5등분하여 표시한다.

이렇게 '빙글빙글 회전 방식'을 알면 편리할 때가 많단다.

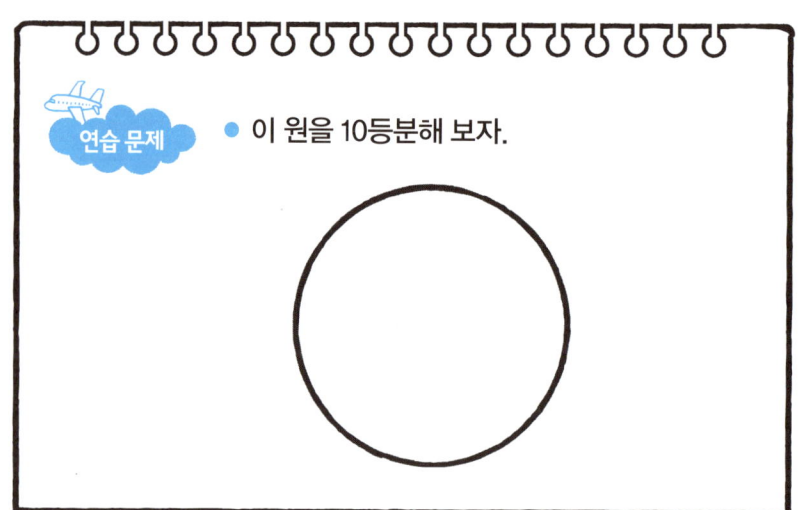

● 이 원을 10등분해 보자.

부모님께 — 이 놀이를 통해 익히는 힘

원에 대한 기초 지식을
습득할 수 있어요

둥근 케이크를 자를 때 의외로 난감하지 않으신가요?
특히 아이가 많은 경우, 케이크 조각의 크기가 다르면 싸울 수도 있으니 더욱 신경이 쓰입니다.
또 케이크 위에 과일이나 장식이 있을 때는 더하지요(여기서는 과일이나 장식은 신경 쓰지 않습니다).
그런데 원은 어느 방향에서 봐도 좌우대칭인 유일한 평면도형입니다.
원에는 중심이 있는데 그 중심을 지나는 직선(지름)을 이용하면 원을 절반으로 자를 수 있습니다.
이 성질을 염두에 두고 **케이크 자르는 연습**을 하면 원에 대한 기본적인 지식을 얻을 수 있답니다.
3등분이나 5등분처럼 나누기 애매할 때도 어느 정도 표시를 하고 나서 케이크를 회전시켜 다른 각도에서 체크하면 비뚤어졌는지 여부를 발견할 수 있지요.
'**빙글빙글 회전 방식**'이라고 이름을 붙였는데 이 방식에 익숙해지면 나중에 중학교 수학에 나오는 원의 다양한(특이한) 정리를 잘 이해하고 응용할 수 있을 것입니다.
물론 케이크 외에도 빈대떡이나 피자 등 둥근 물체를 자를 때는 항상 '빙글빙글 회전 방식'을 사용할 수 있습니다. 여기저기 시도해 보세요.
그리고 아이의 안전을 생각하여 칼을 사용할 때는 부모님이 옆에서 꼭 도와주시기 바랍니다.

2단계 놀이 3 정삼각형 그리기

정삼각형을 종이에 그리는 문제를 내 볼게.

물론 자는 사용하지 말고 손으로만 그려야 돼.

그런데 정삼각형을 그리고 나서 정말 정삼각형이 맞는지 어떻게 확인하면 좋을까?

사람은 도형의 왼쪽과 오른쪽이 같은지 한눈에 알 수 있단다.

정삼각형도 왼쪽과 오른쪽이 같은 삼각형이니까 비뚤어졌는지 아닌지 금방 알 수 있어.

문제는 세로로 너무 길거나 반대로 너무 짧은 경우인데 이것은 판단하기가 조금 어려워.

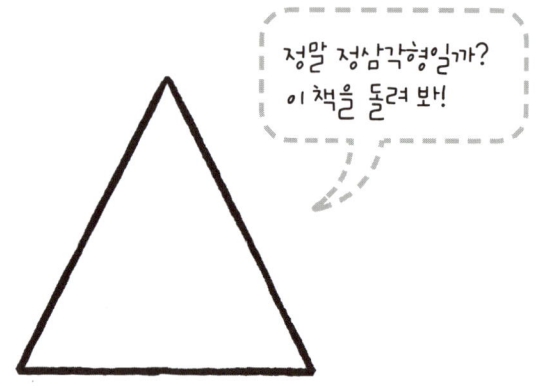

이때 앞에서 배운 '빙글빙글 회전 방식'을 사용해 보렴.
정삼각형을 그린 종이를 돌려 봐.

그 삼각형이 세로로 너무 길거나 또 너무 짧으면 오른쪽이나 왼쪽으로 기울어져 있을 거야.

조금씩 조금씩 수정하면 자를 사용하지 않고 정삼각형에 가까운 도형을 그릴 수 있겠지?

연습 문제

- 자신감이 생겼다면 여기에 정삼각형을 하나 그려 보자.

부모님께—이 놀이를 통해 익히는 힘

도형에 관한 발상을 넓히는 연습이 됩니다

삼각형은 다른 다각형과 달리 반드시 원에 접합니다. 즉, 삼각형은 원과 매우 친한 도형이지요.

연필을 사용하여 어림짐작으로 정삼각형을 그릴 때 가로가 비뚤어지는 일은 별로 없지만 세로가 비뚤어지는 경우는 많습니다.

우리의 눈은 좌우 양쪽에 있기 때문에 좌우로 비뚤어진 것은 금방 알아채지만 세로로 비뚤어진 것은 웬만해서는 느끼지 못합니다.

그럴 때 '빙글빙글 회전 방식'을 사용하면 됩니다. 정삼각형은 원에 접해 있으므로 그 원을 3등분하면 정삼각형이 되지요.

물론 정삼각형뿐 아니라 원에 내접하는 정사각형이나 정오각형, 정육각형 등 다른 정다각형에도 '빙글빙글 회전 방식'을 사용할 수 있습니다.

도형에 관한 아이의 발상을 넓힌다는 의미에서도 함께 연습해 보세요.

COLUMN ❻
필산과 암산의 관계

"우리 아이는 항상 필산(숫자를 써서 계산함)만 해서 암산을 잘 못해요."라고 이야기하시는 부모님이 가끔 있습니다.

암산은 도구가 없어도 머릿속으로 할 수 있는 계산이며 특별히 필산에 한정된 것은 아닙니다. 예를 들어 필산 암산뿐 아니라 수판 암산도 있습니다. 수판 암산은 수판을 이용하여 계산 문제를 풀지만 수판이 없어도 머릿속으로 수판을 그리고 상상 속에서 수판을 움직이며 계산할 수 있는 것이지요.

어감 상으로 오해할 수도 있지만 필산과 암산은 상대적인 관계가 아닙니다. 필산을 연습하는 과정에서 암산 능력도 익힐 수 있답니다. 즉, **암산에 뛰어난 학생은 필산도 잘합니다.** 그러므로 필산 능력은 있는데 암산을 못하는 사람은 조금만 연습하면 금방 암산을 잘할 수 있습니다. 필산은 연습하지 않고 암산만 연습하는 것이 아니라 필산 연습에 암산도 포함된다는 생각으로 문제를 풀어야 합니다. 그러면 암산 능력은 저절로 향상됩니다.

그럼 필산은 잘하는데 암산은 못하는 사람은 어떤 방식으로 연습을 하면 좋을까요?

암산할 때를 떠올려 보세요. 머릿속에서 다양한 숫자와 식이 떠오르지 않나요? 그 공간을 **'계산 공간'**이라고 합니다.

필산 능력에서 암산 능력으로 실력을 향상시키기 위해서는 계산 공간이 넓어져야 합니다. 그렇게 되기 위해서는 필산으로 풀고 싶은 마음을 참고 암산으로 문제를 푸는 훈련을 해야 합니다.

그러므로 항상 필산으로 공부하던 습관을 바꾸어 암산하는 연습을 시키세요. 필산을 잘하는 아이라면 그런 연습에도 금방 적응할 수 있고 암산 능력도 향상될 것입니다. 만약 아이가 어려워하면 간단한 계산부터 시작하면 됩니다.

암산으로 푼 답이 맞는지 하나하나 확인하기 귀찮으니 그때는 부모님이 옆에서 해답을 보면서 정답과 오답을 가르쳐주면 효율적으로 암산을 익힐 수 있습니다.

암산을 할 때 원래의 계산식을 조금 변형하면 간단하게 문제를 풀 수 있습니다. 예를 들어

14×15=?

라는 문제가 있을 때 14를 (7×2)라고 생각하고 앞의 2에만 15를 곱해서

14×15=7×30=210

이렇게 계산하면 필산을 하지 않고도 답이 나옵니다.

이런 **식의 변형**을 많이 연습하면 빠르고 편하게 계산할 수 있습니다. 그렇게 하다 보면 **암산 실력도 쑥쑥 늘게 됩니다.**

아이들이 이런 방법들을 조금씩 익히도록 도와주세요.

2단계 놀이 4 블록 놀이

나무 쌓기 놀이나 블록 놀이는 정말 재미있지 않니?

비행기나 버스, 사람, 꽃, 동물들을 만들 수 있잖아.

그런데 나무 쌓기 놀이나 블록 놀이를 할 때 모두 어떻게 만들지? 바로 만드니?

원하는 모양을 잘 만드는 비밀을 가르쳐 줄까?

바로 만들기 전에 작전을 세우는 거야.

우선 재료부터 정리하자.

나무나 블록을 전부 꺼내서 같은 모양, 같은 색끼리 모아 두렴.

그리고 그 중에서 가장 많은 모양과 색으로 기둥을 만들어.

① 만들기 전에 모든 블록을 모양과 색으로 나누자.

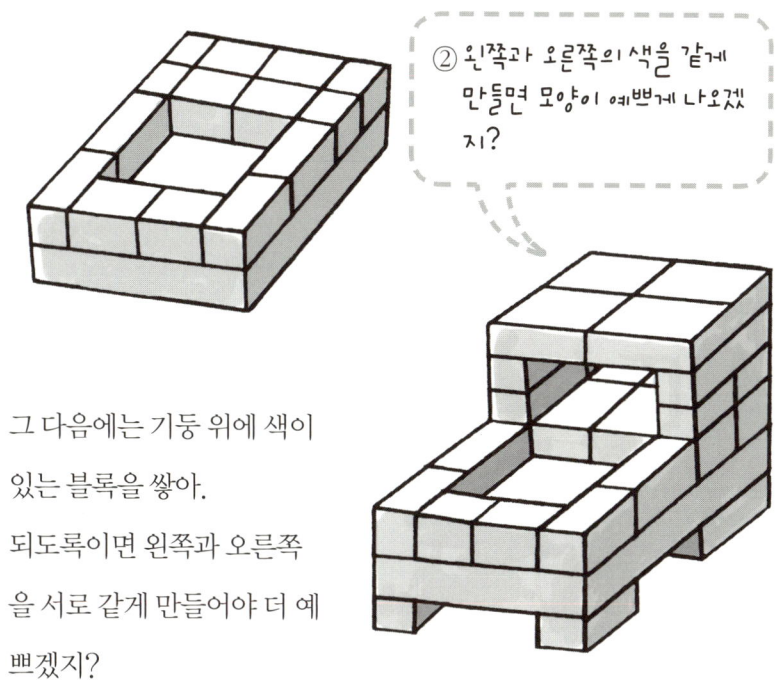

② 왼쪽과 오른쪽의 색을 같게 만들면 모양이 예쁘게 나오겠지?

그 다음에는 기둥 위에 색이 있는 블록을 쌓아.
되도록이면 왼쪽과 오른쪽을 서로 같게 만들어야 더 예쁘겠지?
예를 들어 오른쪽에 빨간 사각형을 쌓았다면 왼쪽에도 같은 곳에 빨간 사각형을 쌓아.
그럼 정말 예쁜 모양이 될 거야.

 ● 각자 만든 작품의 그림을 그려 보자.

마지막으로 남은 블록을 쌓아서 장식하면 끝!

이런 저런 모양을 많이 만들어 보자.

익숙해지면 다양한 모양을 금방 만들 수 있단다.

부모님께 — 이 놀이를 통해 익히는 힘

블록 놀이로 집합의
개념을 익힙니다

아이가 나무 쌓기 놀이나 블록 놀이를 자주 하나요?
이 놀이를 하기 전에는 모든 블록을 하나하나 분류하는 것이 좋습니다.
그런데 아이들은 빨리 만들고 싶어 하기 때문에 분류하는 것을 소홀히 합니다. 그러면 나중에 시간이 더 많이 걸리지요.
그러므로 부모님이 아이와 함께 이 놀이를 할 때는 먼저 블록을 잘 분류해 주세요.
"이 색, 이 모양의 블록은 여기, 이 색은 여기에 모아 두자."라고 하면서 나누면 됩니다.
이 작업은 집합의 개념과 깊은 관련이 있습니다. 예를 들어 '이 블록과 이 블록은 색은 다르지만 모양은 같다.'라든가 반대로 '색은 같지만 모양이 다르다.'고 분류하다 보면 아이는 자연히 집합의 개념을 익힐 수 있습니다.
이 방법을 통해 아이와 함께 멋진 작품을 만들어 보세요.

5 지도와 배치

2단계 놀이

조금 어려운 문제를 내 볼까?

각자 집 근처의 지도를 그려 봐.

어느 집에 누가 살고 주변에 무엇이 있는지 생각나는 대로 그려 보자.

● 집 근처의 지도를 그려 보자.

어때? 간단히 그릴 수 있겠니?

그럼 좀 더 어려운 문제를 낼게.

집에서 학교까지 가는 길을 그림으로 그려 봐.

어디에 무엇이 있고 교차로는 어디에 있고 어떤 길들이 있는지 그려 보렴.

물론 거리는 어느 정도 정확해야겠지?

어려울 수도 있겠지만 교차로에서 교차로까지 몇 분 만에 걷는지 생각해 보고 그 길 위에 써 봐.

방향도 정확하게 그려야 돼. 어느 쪽이 북쪽이고 어느 쪽이 남쪽인지 알 수 있게 그려야겠지? 천천히 잘 그려 보자.

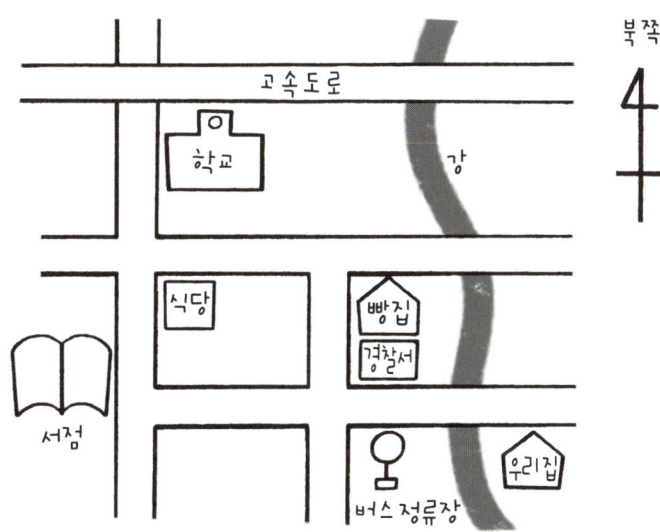

 ● 집에서 학교까지 가는 길을 그려 보자.

그럼 마지막으로 문제를 하나 더 낼게.

아무것도 보지 말고 집안의 그림을 그려 봐.

부엌과 현관, 욕실, 방이 각각 어디에 있고 어느 정도의 크기인지 머릿속에 떠올리면서 그려 보자. 그릴 수 있겠니?

어느 정도 크기도 비슷하게 그리면 좋겠지?

침대나 책상, 테이블이 있으면 가구들도 그려 보자.

매일 생활하는 장소라도 그림으로 그리는 것은 의외로 어렵지 않니?

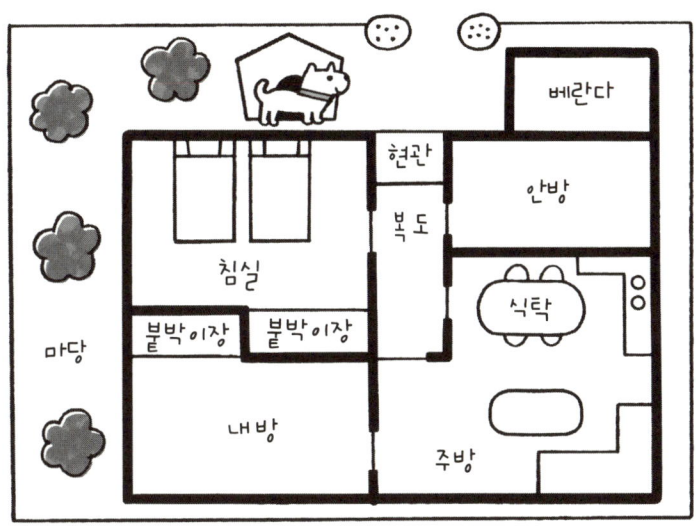

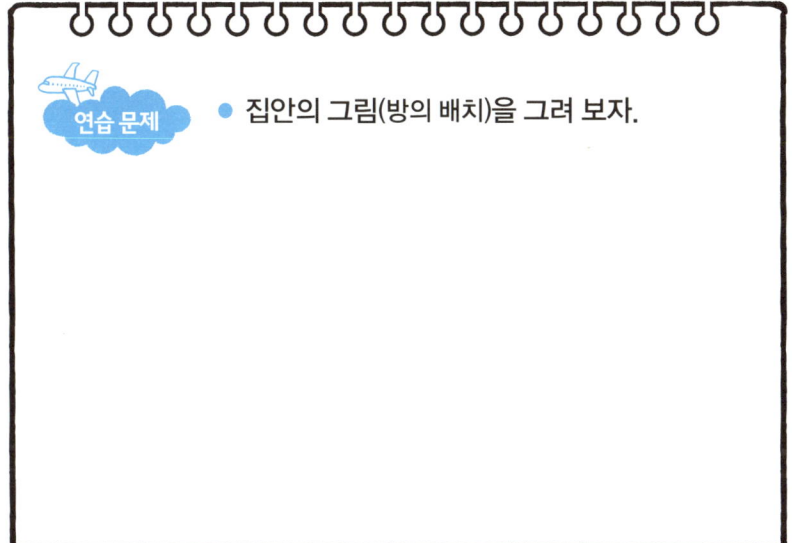

연습 문제 ● 집안의 그림(방의 배치)을 그려 보자.

부모님께 — 이 놀이를 통해 익히는 힘

생각을 그림으로 표현하면
문제 해결력이 향상됩니다

매일 생활하는 공간이 어떻게 생겼는지 알고는 있지만 그것을 그림으로 그리기란 의외로 어렵습니다.

생각을 그림으로 나타내는 것이 어렵다는 사실은 어른이 된 지금도 절절히 느낍니다. 하물며 아이에게는 얼마나 더 어려울까요?

수학에서 **생각을 그림이나 지도로 그리는 것은 모르는 문제를 푸는 데 매우 중요합니다.**

부모님들도 학창 시절에 어려운 문제를 풀 때 그림을 그리면 이해가 가는 경험을 하셨을 것입니다.

평소에 그런 연습을 해 두면 **아이의 문제 해결력이 비약적으로 향상됩니다.**

또 지도나 전개도를 그리면 공간적인 감각이 더 선명해지지요.

예를 들어 집의 전개도를 그릴 때 어느 방의 반대편에는 어느 방이 있는지, 또 어느 벽과 어느 벽 사이에 빈틈이 있고 하수도관은 어디에 있는지 자세하게 그리면 더 확실히 기억할 수 있습니다.

이런 사소한 경험의 차이가 나중에 어려운 문제를 접했을 때 큰 차이가 됩니다.

어릴 때부터 **다양한 문제를 그림으로 그리는 습관**을 갖게 해 주세요.

COLUMN 7
수학을 못해도 살아가는 데 문제없다?

사람은 집이 없어도 살 수 있을까요?

네. 잠을 잘 수 있고 밥도 먹을 수 있고 배설도 할 수 있으면 사람은 살아갈 수 있습니다. 조금 춥거나 불결해도 참아가면서 말이지요.

만약 모든 사람이 집을 갖고 있지 않다면 아무도 집을 갖고 싶다는 생각은 하지 않을 것입니다.

하지만 대부분의 사람은 집에서 안락하게 살고 있기 때문에 집이 없는 사람은 집을 갖고 싶어 합니다.

수학도 마찬가지입니다. 고등학교, 대학교를 거쳐 사회에 나가면서 수학 실력은 확실히 차이가 납니다. 그리고 주위에 수학을 잘하는 사람들이 어려운 문제를 척척 풀어 내는 모습을 보면 '아, 나도 저렇게 수학을 잘하면 좋을 텐데…….' 하고 자신의 부족한 실력을 탓하는 상황이 옵니다.

수학뿐 아니라 고등 교육은 지금 당장은 도움이 되지 않지만 공부하지 않으면 두고두고 손해입니다.

그러므로 '수학을 못해도 살아가는 데 문제없다.'는 말은 틀리지는 않지만 그렇다고 공부하지 않아도 된다는 뜻은 아닙니다.

물론 수학 시험에서 꼭 좋은 점수를 얻어야 된다고 오해하면 안 됩니다. 시험 점수가 조금 나빠도 꾸준히 공부하는 성실함이 중요하지요.

점수가 좋든 나쁘든 문제를 열심히 풀다 보면 언젠가 좋은 결과를 얻는 날이 올 것입니다.

2단계 놀이 6 직소퍼즐 만들기

직소퍼즐이 뭔지 아니?

직소퍼즐이란 그림이 그려진 종이로 된 조각을 맞추면 그림이 완성되는 게임이야.

우리 직접 만들어 볼까? 의외로 간단해.

준비물: 가위, 풀, 달력 같은 필요 없는 그림이나 사진, 마분지

① 직소퍼즐을 만들고 싶은 그림이나 사진을 달력에서 잘라내.

② 그림을 뒤집어 뒷면 전체에 풀을 붙여.

③ 이것을 안에 공기가 들어가지 않도록 마분지에 붙여.

④ 다 마르면 가위로 적당하게 잘라. 자르는 방법에 따라 퍼즐이 쉬울 수도 있고 어려울 수도 있어. 조금 울퉁불퉁하게 잘라서 조각 모양을 서

로 다르게 만들면 간단한 퍼즐이 되고, 똑바로 잘라서 조각 모양을 서로 같게 만들면 더 어려운 퍼즐이 된단다.

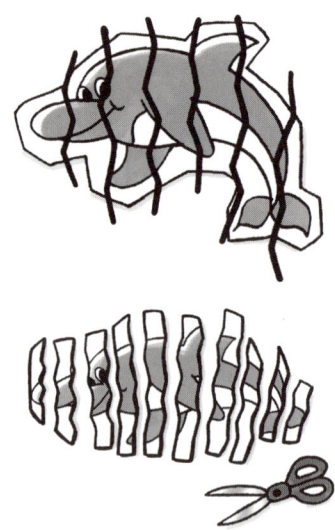

⑤ 전부 다 자르면 완성! 자, 이제 맞춰 볼까?

부모님께—이 놀이를 통해 익히는 힘

직관력과 집중력을 높여 줍니다

직소퍼즐은 놀이로 즐길 수 있을 뿐 아니라 블록 놀이와 마찬가지로 교육 효과도 높습니다. 그러나 블록 놀이처럼 완성하고 또 부수고 다른 모양을 만들 수 있는 놀이와는 대조적으로 한 번 만들면 질린다는 단점이 있지요. 게다가 시중에서 파는 퍼즐은 가격이 비싸서 여러 개를 사줄 수도 없습니다.

그러므로 아이 스스로 직소퍼즐을 만들어 보게 하세요. 의외로 간단하게 만들 수 있답니다. 퍼즐을 갖고 놀 수 있으니 재미있고 또 직접 손을 사용하는 작업이라서 교육 효과가 높으니 일석이조라고 할 수 있지요.

그런데 직접 만든 퍼즐은 시중에 파는 퍼즐에 비해 완성도가 떨어집니다. 완성도가 없는 만큼 '이 색으로 된 조각은 여기, 이 색으로 된 조각은 저기…….'와 같이 기준을 세워서 조각을 나누어야 합니다.

이 작업을 컴퓨터 용어로는 '**패턴 매칭**'이라고 합니다. 이 패턴 매칭 작업은 도형 문제의 직감을 기르는 데 좋습니다.

예를 들어 도형 문제를 풀 때 도형을 보고 '아! 이 그림은 어디선가 본 적이 있어. 그래, 그 문제야!'라는 느낌으로 **푸는 방법을 생각해 낼 수 있는 힘을 기르게 됩니다**.

게다가 수학에서 어려운 문제는 대부분 패턴 매칭 문제입니다. 계산하면 금세 답이 나오는 문제는 별로 어렵지 않습니다. 대학 입시에서도 어려운 문제는 고도의 패턴 매칭 능력이 요구되는 문제입니다.

직소퍼즐을 만들 때 가위로 조각을 자르는 작업 또는 완성된 직소퍼즐을 풀 때 하나하나 조각을 맞추는 작업들은 단순한 수학적 사고뿐 아니라 **직관력이나 집중력도 높여 줍니다**. 이렇게 다양한 의미에서 직소퍼즐을 스스로 만들어 푸는 것은 강력 추천하고 싶은 놀이입니다. 친구에게도 가르쳐 주고 퍼즐을 교환하는 것도 좋은 방법이겠지요. 직접 만든 것과 다르기 때문에 완성된 그림을 모르고 퍼즐을 맞추니까 호기심과 스릴도 느낄 수 있을 것입니다. 물론 부모님께서 만들어서 아이에게 선물하는 것도 좋겠지요.

마분지를 가위로 자르는 작업은 조금 위험하니까 아이가 다치지 않도록 주의해 주세요.

COLUMN ❽
공부를 잘하는 아이는 자세가 좋다

앞에서 필기할 때 왼손이 중요하다고 언급했는데요. 그와 마찬가지로 앉는 자세도 매우 중요합니다. 이유는 두 가지입니다.

일단 자세가 나쁘면 건강에 좋지 않습니다. 장시간 나쁜 자세로 앉아 있으면 몸에 이상이 생깁니다. 어깨가 뭉치고 머리가 지끈거리거나 양쪽 눈이 균형을 이루지 못하고 한쪽 눈만 시력이 나빠지기도 합니다.

특히 자세가 나빠지는 원인 중 하나로 발목의 근육 저하를 들 수 있습니다. 발목 근력은 어릴 때 단련되어야 합니다. 전철을 타자마자 의자에 앉거나 자리가 없으면 바닥에 앉는 젊은이를 자주 볼 수 있는데 그것은 어릴 때부터 훈련을 하지 않았기 때문입니다.

공부를 잘하는 학생은 자세가 좋다.

○ 오래 앉아 있어도 별로 피곤하지 않다.

최근에는 차로 이동하는 가정이 많지요. 하지만 아이가 걷거나 달려서 발목을 단련하지 않으면 고등학생이나 대학생이 되어 오랜 시간 동안 시험을 보거나 일을 할 수 없습니다.

그리고 그 이상으로 자세를 좋게 해야 하는 이유가 있습니다. **자세가 나쁘면 문제와 답에 집중하지 못하기 때문입니다.**

부모도 교사도 아이를 생각하여 계속해서 주의를 주어야 합니다. '세 살 버릇 여든까지 간다.'는 말도 있지 않습니까? 나쁜 버릇은 어릴 때 고치도록 해야 합니다.

✗ 책상과 눈의 거리가 가까워져서 척추나 내장에도 매우 나쁘다. 귀에 못이 박힐 정도로 주의를 준다.

✗ 이 자세로는 집중력이 떨어지고 목에도 부담이 간다.

사람은 눈앞에 의식이 집중되어 있습니다. 이것은 벽의 위쪽에 붙은 종이에서 계산 문제를 풀어 보면 알 수 있습니다. 계산이 잘되지 않을 것입니다.

저는 수업을 하다 보면 칠판 위쪽이나 아래쪽에서 계산해야 하는 경우가 있습니다. 그러면 시간도 더 걸리고 계산 실수도 많아집니다. 그때 사람은 눈앞에 의식이 집중되어 있다는 사실을 새삼 느낍니다.

또 중학교나 고등학교에서 시험 감독을 하면서 학생들을 관찰하면 집중을 잘하는 학생은 대부분 자세가 좋습니다.

그러나 수업 시간에 산만하고 공부하기 싫어하는 학생은 대충 앉습니다.

자세는 마음가짐과 하나입니다. 공부를 해야겠다고 마음을 먹으면 자세가 좋아지고 반대로 자세를 좋게 하면 공부가 잘되지요.

항상 바른 자세로 앉는 것만으로도 다양한 정보를 머리에 입력할 수 있습니다. 시험을 볼 때나 공부할 때뿐 아니라 일상생활에서 많은 정보를 얻어야 이른바 경쟁 사회에서 살아남을 수 있지 않을까요?

그러므로 아이에게 자세에 대해 입이 닳도록 주의를 주어야 합니다. 그러면 그 아이는 반드시 훌륭한 사람으로 성장할 것입니다. 자세를 좋게 하라고 잔소리를 하면 아이는 지금 당장은 듣기 싫어하겠지만 훗날 분명 도움이 됩니다.

3단계 놀이
숫자에 강해지기

여기서는 부모와 아이가 함께 즐길 수 있는
'숫자에 강해지는 게임'을 소개합니다.
단순한 게임뿐 아니라 카드를 사용하는 게임 등
종류가 다양하며 각 게임에는 심오한 뜻이 있습니다.
적극 권장하는 게임들.
어서 빨리 시작해 보세요!

1 차량번호 게임

3단계 놀이

'차량번호 게임'이라는 재미있는 게임을 가르쳐 줄게.

차가 지나가면 번호판을 살펴봐.

번호판에 쓰여 있는 뒤쪽의 네 자리 수를 전부 더해 보자.

예를 들어 번호가 9273이라고 하면 9+2+7+3을 계산해. 답은 21이 되겠지?

그 21을 2와 1로 나누어 더하면 2+1=3, 즉 3이 답이야.

차량번호판을 발견하면 번호판의 숫자를 누가 먼저 계산하는지 경쟁하는 게임을 해 보렴.

이 게임에는 요령이 있단다.

9를 더하든 더하지 않든 상관없다는 거야.

즉, 아까 9273에서 보면 9+2+7+3 중에서 처음의 9와 2+7은 더하지 않아도 돼.
그러면 마지막의 3만 남으니까 9273의 각 숫자의 합은 3이라는 사실을 금방 알 수 있지.

8은 −1, 7은 −2로 생각하여 계산하면 되는데 이 점을 이용하면 더 빨리 계산할 수 있어.
뒤 페이지에 연습문제가 있으니까 조금 더 연습하고 나서 실제로 계산해 보렴.
사고를 당하면 큰일이니까 교통안전에는 항상 조심하자.

〈정리〉
이 게임은 다음 요령을 이용하면 답을 빨리 구할 수 있다.
① 9는 더하지 않는다.
② 8을 더하는 대신에 1을 뺀다.
③ 7을 더하는 대신에 2를 뺀다.

〈예〉

$$\boxed{\text{13가 9876}}$$

→ 9는 더하지 않고 8은 −1, 7은 −2이므로

6−1−2=3

연습 문제

● 다음 숫자로 차량번호 게임을 해 봐. 각 문제를 2초 만에 풀 수 있도록 연습하자.

9385 →

2965 →

6492 →

4576 →

7293 →

2998 →

6879 →

5301 →

1935 →

8241 →

2849 →

9152 →

● 정답은 153쪽 참조

부모님께—이 놀이를 통해 익히는 힘

계산을 빨리 하는 데 도움이 됩니다

조금 특이한 게임이라고 생각하시겠지만 이 차량번호 게임에는 여러 가지 효과가 있습니다. 우선 더해서 9가 되는 수의 조합(1+8, 2+7, 3+6, 4+5 등)에 익숙해집니다. 이것은 매우 중요합니다.

예를 들어 10,000원에서 3,562원을 지불하고 거스름돈을 계산할 때 빨리 계산하기 어렵지요.

하지만 10,000원에서 1원 적은 9,999원에서 3,562원을 빼면 금방 답이 나오기 때문에 거기에 1원을 더하면 암산으로도 풀 수 있습니다(답은 6,437원+1원=6,438원).

이것은 모두 9에서 빼는 계산입니다. 그러므로 **더해서 9가 되는 수를 바로 답하는 훈련은 매우 효과적입니다.**

즉, 아무 생각 없이 계산하는 것이 하니라 순간적으로 계산하는 힘을 기를 수 있습니다.

그런데 차량번호 게임에서 9를 더하지 않는 것이 이상하지 않나요?

이 게임은 더한 값을 9로 나눈 나머지를 구한 값과 같습니다(나누어서 떨어지는 경우는 답이 0이 아니라 9가 됩니다). 이와 같이 하면 쉽게 9로 나눈 나머지를 구할 수 있지요. 이것을 이용하여 덧셈, 뺄셈의 검산을 할 수도 있답니다.

어느 정도 차량번호 게임에 익숙해지면 자릿수가 큰 숫자를 보고 그 수가 3의 배수인지 9의 배수인지 바로 판단할 수 있습니다. 수학에서 어떤 수가 3의 배수이고 9의 배수인지는 매우 중요한 정보입니다.

아이의 교통안전을 잘 살피면서 부모님도 차량번호 게임을 함께 해 보시기 바랍니다.

3단계 놀이 2 전화번호 게임

집 전화번호를 모르는 사람은 없겠지?

그럼 혹시 친척이나 친구네 집 전화번호는 알고 있니?

요즘에는 전화기에 번호를 등록할 수 있는 기능이 있어서 번호를 외우지 않아도 전화를 걸 수 있지만 전화번호를 외워 두면 어디서든 보다 빨리 걸 수 있어.

전화번호를 외우는 요령은 여러 가지가 있지만 입으로 소리 내서 외우는 방법이 가장 간단해. 그렇게 하면 금방 외울 수 있지.

전화번호를 보면서 숫자의 특징을 생각하는 방법도 있단다.

예를 들어 9604라는 번호를 봤을 때 '96+04=100'이라고 생각하든가 1425라는 번호를 봤을 때 '1과 4를 하나씩 더하면 2와 5'라고 생각하며 외우는 거야. 이렇게 생각해서 외운 번호는 잘 잊어버리지 않아.

'15××-8282(빨리빨리)'처럼 비슷한 발음으로 외우는 방법도 있지만 그 방법에만 너무 의지하면 전화번호, 우편번호, 역사 연대 등 모든 숫자를 그 방법으로만 외우게 돼. 그래서 만약 비슷한 발음이 없으면 잘 외우지 못한다는 단점이 있지.

그럼 일단 자주 사용하는 전화번호를 외워 보자.

천천히 확실하게 외워 보렴. 익숙해지면 누가누가 빨리 외우나 경쟁하는 게임을 해 보자.

연습 문제

- 집　　　　　　[　　　　　]
- 가족의 휴대전화　[　　　　　]
- 친구　　　　　　[　　　　　]
- 학교　　　　　　[　　　　　]

부모님께 — 이 놀이를 통해 익히는 힘

상상력과 계산력이 향상됩니다

요즘 휴대전화를 사용하지 않는 사람은 거의 없지요. 그래서 외워야 할 번호가 옛날보다 늘어났는데도 전화번호를 전혀 외우지 않는 사람들이 많습니다.

이유는 간단합니다. 번호를 외우지 않아도 전부 전화기에 등록되어 있기 때문이지요. 요즘은 그런 시대입니다.

그래도 중요한 번호는 모두 외우는 사람도 있습니다. 번호(=숫자)에 익숙한 사람과 그렇지 않은 사람의 격차가 옛날보다 늘어났다고 할 수 있지요.

번호나 숫자를 외우는 것은 **상상력과 계산력을 필요로 하는 작업입니다.** 그런데 세상이 편리해진 반면에 사람이 공부를 해야 할 기회를 빼앗기는 상황이 되었습니다.

그러므로 아이에게는 꼭 여러 번호를 외우게 하세요.

번호를 잘 외우는 요령은 우선 두 자리씩 구분지어 외우는 것입니다.

영어에서 연도를 읽는 방법이나 프랑스어에서 전화번호를 읽는 방법 등 두 자리씩 구분지어 외우는 것은 다른 나라에서도 마찬가지입니다.

한 자리씩 외우려면 외워야 할 숫자가 너무 많고 세 자리씩 외우려면 숫자의 특징을 한눈에 알기 어렵기 때문에 두 자리씩 구분지어 외우는 것입니다.

숫자를 분해하여 다루기 쉬운 두 자리로 나누는 것이 효율적입니다.

아이의 뇌는 마른 스펀지와 같습니다. 스펀지에 물을 부으면 금세 흡수하듯 번호도 금방 기억하지요. 아이에게 다양한 번호를 알려주고 외우게 하세요.

COLUMN ⑨ 수학을 꼭 좋아해야 하는가?

제가 운영하고 있는 수학 학원에 "우리 아이가 수학의 즐거움을 알았으면 좋겠어요."라며 아이를 데리고 오는 부모님이 가끔 있습니다.

그럴 때마다 저는 참 난처합니다. 정작 저 자신도 수학을 좋아하지 않기 때문이지요.

부모님 중에도 학창 시절에 수학이라면 질색하셨던 분들이 많을 것입니다. 하지만 나이가 들어서 '수학을 좋아했다면 이렇게 고생하지 않아도 될 텐데…….' 하는 생각을 하지는 않으셨나요?

물론 저는 수학을 가르치는 입장으로서 많은 문제를 풀어야 하기 때문에 어느 정도 수학을 좋아하지 않으면 이 일을 할 수 없습니다. 그래서 '내가 수학을 싫어하나?'라고 생각해 보면 그것도 아닙니다.

하지만 '수학을 좋아하나?'라는 물음에는 곧바로 고개를 끄덕일 수 없습니다.

사실 여러 학생들을 관찰해 보면 수학 점수가 좋은 학생은 수학을 좋아한다고 이야기하는 학생보다 담담하게 문제를 풀어 나갑니다.

수학을 좋아하는지의 여부보다 끊임없이 머리를 굴려야 하는 수학 문제를 장시간 계속 풀 수 있는지 여부가 중요합니다.

수학을 좋아한다고 해서 항상 수학 성적이 1등인 것은 아닙니다. 오히려 **수학 성적이 좋은 학생은 인내력과 섬세함을 겸비한 학생입니다.**

이런 학생은 대부분 초등학교 때 공부하는 습관이 붙었습니다. 문제를 내면 1시간이든 2시간이든 책상에 앉아 풀지요.

즉, 수학 시험에서 좋은 점수를 얻기 위해서는 수학을 좋아하는지 여부보다 수학을 어려워하거나 싫어해도 포기하지 않는 정신력이 중요합니다. 이러한 힘이 곧 수학 점수로 이어집니다.

하지만 성적이 전부는 아닙니다. 수학에 대한 애정은 성적 이상으로 중요합니다.

만약 수학을 좋아하는 아이가 있다면 우선 인내력과 섬세함을 배우는 교육을 시키는 것이 어떨까요? 그렇게 좋아하는 수학은 나중에 대학교에 가서도 충분히 연구할 수 있으니 말입니다.

유치원에 다니는 아이나 초등학생을 둔 부모님은 아이가 텔레비전을 보고 게임을 하면서 놀려고 하거나 골치 아픈 일은 피하려는 습관을 갖지 않도록 옆에서 항상 주의를 주세요.

3단계 놀이

3 계산대 게임

슈퍼마켓에서 이것저것 물건을 사면 재미있지?

하지만 마지막에 계산대 앞에서는 조금 지루하지 않니?

줄도 길게 늘어서고 차례가 올 때까지 기다려야 되니까 지겹잖아?

이럴 때 간단한 게임을 해 보자.

계산대에서 차례를 기다리는 동안 카트 안의 물건이 모두 얼마일까 알아 맞히는 게임이야.

아무렇게나 가격을 말하면 시시하니까 되도록 가격에 가깝게 말하는 사람이 이기는 걸로 하자.

엄마와 함께 게임해 보렴.

만약 1,000원 이내의 차이라면 상당히 정확하다고 할 수 있어.

그럼 어떻게 가격을 맞히면 될까?

휴대전화에 계산기가 있다고? 에이, 당연히 계산기는 사용하면 안 되지.

요령을 알려줄게. 일단 물건의 가격을 보고 대략 1,000원마다 호빵 1개라고 생각해. 그리고 호빵이 몇 개인지 세는 거야.

예를 들어 1,780원인 물건이면 호빵 2개, 3,300원짜리 물건이면 호빵

3개라고 하면 돼.

만약 끝이 딱 떨어지지 않는 경우는 마지막에 호빵 1개를 더해서 생각하면 정확한 가격에 가까워질 거야.

자, 그럼 오늘 산 물건의 가격부터 계산해 보자.

카트 안에는 어떤 물건이 있니?

우유	1,800원	오렌지주스	2,070원
돼지고기	2,240원	당근	780원
배추	1,260원	김밥	3,980원 × 2

다 합치면 대략 얼마 정도일까?

머릿속으로 1,000원을 호빵 1개로 생각하면서 세어 보렴.

우유 1,800원 → 호빵 2개
돼지고기 2,240원 → 호빵 2개
배추 1,260원 → 호빵 1개……

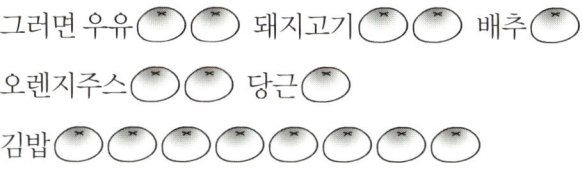

호빵이 총 16개니까 16,000원 정도겠지?

이것을 '호빵 세는 방법'이라고 해.

- 다음의 전체 금액은 대략 얼마 정도일까?

와인	17,800원	치즈	2,980원
땅콩	1,980원	주스	2,980원
과자	1,980원	초콜릿	3,980원

합계 ☐ 원 정도

● 정답은 154쪽 참조

부모님께 — 이 놀이를 통해 익히는 힘

계산 훈련이 됩니다

슈퍼마켓에 아이를 데려가면 여간 신경이 쓰이지 않지요.
갖고 싶은 물건이 여기저기 널려 있으니 아이에게 슈퍼마켓은 보물섬과 같을 것입니다. 놀이공원으로 착각하여 여기저기 뛰어다니고 싶은 기분을 모르지는 않지만 여러 사람에게 민폐가 되면 안 되지요.
아이를 데려가고 싶지만 방해가 되니 이러지도 저러지도 못하는 부모님이 많을 것입니다. 하지만 아이에게 조용히 하라고 윽박질러서 아이의 기를 죽일 필요는 없습니다. 슈퍼마켓은 **아이에게 귀중한 사회 체험의 장소이기 때문입니다.** '물건에는 가격이 붙어 있고 마지막에 계산대에서 돈을 낸다.' '계산을 할 때는 줄을 서야 한다.' '물건을 골랐다가 사지 않을 때는 원래 있던 곳에 갖다 놓는다.' 등의 규칙을 저도 모르는 사이에 익힙니다.
그러므로 아이와 같이 슈퍼마켓에 가면 쇼핑을 도와달라고 하세요. 카트에 물건을 넣을 때 아이에게 물건 가격을 호빵으로 환산해서 세어 두게 합니다.
가격만 신경 쓰다 보면 꼭 사야 할 물건과 살 필요가 없는 물건이 무엇인지 소홀히 하게 됩니다. 하지만 지갑에 얼마가 들어 있는지 생각하면 물건 금액을 따지지 않을 수 없지요. 그러므로 호빵 세는 방법은 중요합니다. 처음 한두 번은 훈련이 필요하지만 그 방법에 익숙해지면 쇼핑할 때 아이를 꼭 데려가게 된답니다.
계산대에서 금액이 얼마인지 계산하고 아이가 정답에 가까운 금액을 이야기하면 **아이에게도 매우 좋은 경험이 될 것입니다.**
호빵 세는 방법을 아이에게 맡겨 보세요.

COLUMN ⑩ 중요한 계산력

최근에는 계산력이 별로 중시되지 않습니다. 일부러 직접 계산하지 않아도 계산기가 다 해준다는 생각을 하는 사람들이 많아졌기 때문이지요.

게다가 집집마다 컴퓨터가 있고 1명당 1대씩 갖고 있는 집도 있습니다. 또 계산 프로그램을 사용하면 가계부나 가게의 매출도 편하게 계산할 수 있습니다.

이렇게 편리한 세상이지만 계산을 못하는 사람은 뒤처지는 경우가 많습니다. 그 이유는 무엇일까요?

교통수단을 예로 들어 설명하겠습니다. 요즘에는 전철이나 버스, 비행기, 그리고 자동차 같은 교통수단이 있어서 매우 편리합니다. 이것들을 잘 사용하면 전국 어디에나 갈 수 있습니다.

서울에서 부산까지 KTX로는 3시간 정도 걸리며 서울에서 제주도까지는 비행기로 1시간이면 갈 수 있는 시대가 되었습니다.

하지만 그런 교통수단이 있다고 해서 걷지 않을 수는 없겠지요. 역 계단을 오르내리거나 공항에서 무거운 짐을 들고 갈 때 등 걷지 않고서는 이동할 수 없습니다. 다양한 교통수단이 있는 요즘 시대에도 걷기는 꼭 필요합니다.

오히려 걷는 능력의 종류가 많아진 만큼 중요성이 늘어났다고 할 수 있습니다. 예를 들어 전철에 탈 때만 해도 흔들리는 전철 안에서 걷는 능력, 역의 플랫폼에서 안전한 장소를 선택하여 걷는 능력, 계단을 빠르게 뛰어 올라가는 능력 등 걷는 능력의 종류가 옛날보다 늘어났지요.

계산력도 마찬가지입니다. 계산을 못하는 사람은 현대 사회에서도 불편하게 살아갑니다. 계산기나 컴퓨터가 없던 옛날에 비해 요즘에는 계산력의 종류가 늘어났습니다.

매출을 작성할 때를 예로 들면 컴퓨터에 어떻게 입력하면 표를 빨리 작성할 수 있는지, 어느 시점에서 표를 복사하면 효율적으로 다른 표를 작성할 수 있는지, 어떤 값을 어떻게 보면 경향을 파악할 수 있는지 등 옛날의 계산력과는 비교도 할 수 없을 정도로 **많은 종류의 계산력**이 필요합니다.

즉, **현대 사회에서는 계산력의 필요성이 증가하고 있다**는 뜻이지요.

이것을 잘못 받아들이고 아이를 키우면 아이만 힘들어집니다.

그래서 저는 모든 부모님들께 계산력 교육의 중요성을 말씀드리고 싶습니다.

3단계 놀이 4 — 트럼프 점 게임

트럼프를 가지고 혼자서 점을 보며 재미있게 놀 수 있는 방법을 가르쳐 줄게.

① 조커는 빼고 트럼프 52장을 잘 섞어서 왼쪽부터 1장씩 순서대로 나열해.

② 양쪽 끝의 카드 3장의 합이 10이나 20, 또는 30이 된 경우에는 그 3장을 빼.

(A는 1, J와 Q, K는 모두 10이라고 생각하기)

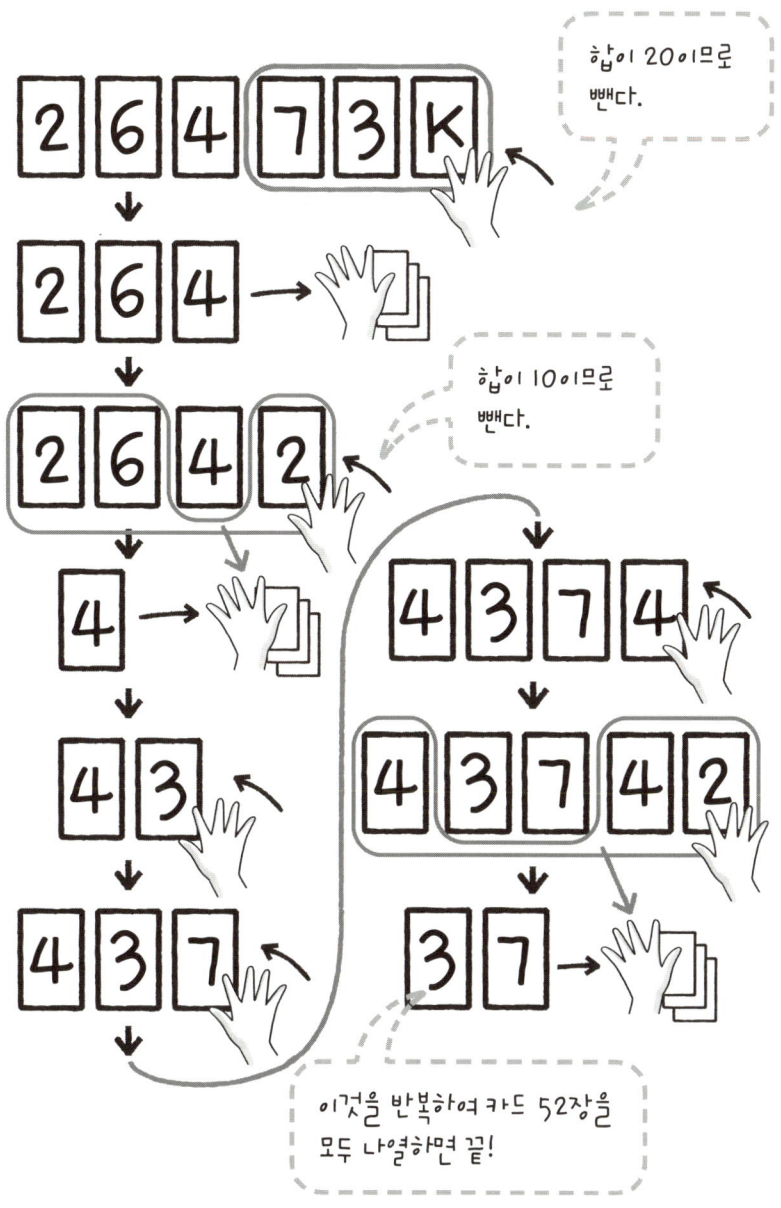

이런 방법으로 카드 52장을 모두 나열하면 되는 거야.
그리고 마지막에 남은 카드의 수를 더해서 계산해 보렴.

그 수가 10이면 가장 좋고 20은 조금 좋아.
30은 보통이고 40보다 많으면 나쁘고 100이 넘으면 최악이지.

처음에는 천천히 해도 되지만 점점 익숙해지면 빨리 할 수 있을 거야.

계산이 틀리면 마지막에 남은 카드의 합이 10의 배수가 되지 않으니까 실수하지 않도록 하자.

부모님께 — 이 놀이를 통해 익히는 힘

덧셈의 계산력을 기릅니다

트럼프는 문방구에서도 쉽게 살 수 있고 어느 집이든 대부분 있기 마련이지요. 이 게임은 덧셈의 계산력을 기르는 데 매우 효과적입니다. 더해서 10이 되는 조합뿐 아니라 3개의 수를 더해서 20이 되는 조합도 익힐 수 있기 때문에 복잡한 덧셈 계산에도 바로 대응할 수 있는 직관력을 기를 수 있습니다.

그리고 손과 눈을 사용하기 때문에 그에 따른 효과도 기대할 수 있습니다.

공부하다 쉬는 시간에 텔레비전을 보는 것도 나쁘지 않지만 이런 게임은 두뇌를 회전시킬 수 있을 뿐 아니라 몸도 움직이므로 매우 유익한 게임입니다.

어느 정도 익숙해지면 제한 시간 내에 52장을 모두 나열하도록 연습하여 집중력과 순발력을 높입니다. 2~3분을 기준으로 삼고 그 안에 끝내면 집중력과 순발력을 익혔다고 할 수 있습니다.

이 게임뿐 아니라 트럼프는 아이들에게 매우 좋은 장난감입니다. 규칙에 따라야 한다는 기본이나 매너의 중요성, 사교성 등을 모두 배울 수 있기 때문이지요. 부모님도 아이와 함께 다양한 트럼프 게임을 해 보세요.

3단계 놀이 5 가위바위보 게임

주위에 계단이 있으면 가위바위보 게임을 해 봐.

이 게임은 2명 이상이 있을 때 할 수 있지만 그렇다고 사람이 너무 많으면 할 수 없어.

2~4명 정도가 적당하단다.

하지만 지나가는 사람에게 방해가 되면 안 되겠지?

규칙은 간단해.

계단 제일 밑에서 가위 바위 보를 해서 이길 때마다 계단을 올라가는 거야. 그리고 계단 맨 위에 먼저 도착하는 사람이 이기는 거지.

계단을 올라가는 법은 세 가지가 있어.

- 가위로 이기면 '지·그·재·그·가·위'라고 말하면서 여섯 계단을 올라가.
- 바위로 이기면 '바·윗·돌'이라고 말하면서 세 계단을 올라가.
- 보로 이기면 '도·시·락·보·자·기'라고 말하면서 여섯 계단을 올라가.

그렇게 하다 보면 바위로 이기는 것보다 가위나 보로 이기는 편이 좋다는 것을 알 수 있어. 더 빨리 올라갈 수 있잖아?
하지만 가위와 보 중에서는 가위가 강하기 때문에 모두 가위를 내려고 하겠지?
그 점을 이용해서 바위를 내면 혼자만 세 계단을 올라갈 수 있어.
그러니까 바위도 의외로 쓸모가 있다고!
어때? 이리저리 생각을 해야 되는 게임이지?

부모님께 — 이 놀이를 통해 익히는 힘

직관을 예리하게 만들 수 있습니다

수학을 가르치는 입장에서 이런 말을 하면 안 될 것 같지만 수학 문제를 풀 때는 분위기나 직관도 중요합니다.

이 게임은 분위기를 읽거나 직관을 예리하게 만드는 데 좋은 놀이입니다.

아무런 정보 없이 이 게임을 하면 가위를 내는 것이 가장 유리합니다. 만약 상대가 가위, 바위, 보를 각각 3분의 1의 확률로 내는 로봇이라면 계속 가위를 내서 이길 수 있습니다.

하지만 상대는 사람이기 때문에 모두 가위를 내려고 합니다. 그 점을 예상하고 바위를 내면 세 계단을 오를 수 있습니다. 또 모두 바위를 내려고 하면 보를 내서 이기고 여섯 계단을 오를 수 있고요.

상대의 표정이나 눈빛을 읽고 상대의 행동을 예측하여 그보다 앞서서 움직여야 합니다. 때로는 바위를 내려고 하다가 보를 내는 연기도 할 줄 알아야 합니다.

부모님이 아이와 이 게임을 할 때는 아이의 속마음을 읽고 일부러 이기세요.

아이에게는 굴욕적인 경험일지도 모르지만 **운명은 분위기와 직관으로 결정된다는 귀중한 체험도 될 것입니다.**

어른들끼리 해도 의외로 재미있습니다.

한 가지, 지나가는 사람에게 방해가 되지 않도록 하고 특히 전철역에서는 절대로 하지 않도록 주의해 주세요.

COLUMN ⑪
인사는 제대로

혹시 '에이, 설마······.'라고 생각할지도 모르겠지만 수학 답안과 인사는 밀접한 관계가 있습니다.

초등학교 수학 문제집이나 시험 답안지에는 식과 답을 쓰는 칸이 있지요. 식을 쓰는 칸에는 답을 구하기 위한 계산식을 쓰고 거기에서 나온 답에 단위 등을 붙여 해답란에 씁니다. 하지만 고등학교 수학 답안지는 조금 다릅니다. 빈 칸에 문제를 푸는 법을 쓰는데 거기에는 문장 같은 답을 써야 합니다. 예를 들어 '문제에서 ●●. 여기서 △△정리에 따라 □□가 성립하므로 ●●에 □□를 대입하여 계산하면 ××이다. 따라서 ○○가 나온다.'라는 작문 능력이 요구됩니다.

이런 고등학교 수학 답안에서는 인사를 제대로 하는 학생과 인사를 하지 않는 학생의 차이가 드러납니다.

인사를 하지 않는 학생의 답안지에는 수식만 쓰여 있거나 초등학생 수준의 답이 쓰여 있습니다.

그러나 인사를 잘하는 학생의 답안지는 읽고 있으면 기분이 좋아집니다. '○○이니까 ○○, 따라서 ○○이므로 ○○, 즉 ○○이다.'라고 접속사도 정확하게 쓰고 무슨 생각을 하며 답을 썼는지 알 수 있습니다. 이러한 답안지에는 실수가 있어도 어느 정도 부분 점수를 주고 싶어집니다.

그러므로 어릴 때부터 인사를 잘하도록 아이를 교육시켜야 합니다.

인사는 명령한다고 되는 것이 아닙니다. 어른들이 하는 행동을 보고 인사를 잘하는 환경에 있으면 자연히 인사를 하게 됩니다.

부모가 "미안하다." "고맙다."라고 마음을 담아 이야기하면 아이도 "죄송해요." "고맙습니다."라고 말할 수 있게 되지요.

집에서 나올 때는 "다녀오겠습니다." 집으로 돌아오면 "다녀왔습니다." 밥을 먹을 때는 "잘 먹겠습니다." 다 먹으면 "잘 먹었습니다." 누군가와 만나면 "안녕하세요." 헤어질 때는 "안녕히 가세요." 등 인사를 잘 할 수 있도록 **가족 모두가 노력해야 합니다.** 그러면 아이도 똑같이 인사를 잘하게 됩니다.

인사를 하지 않는 아이는 주위 어른들의 모습을 보고 배운 것입니다. 실제로 부모님들과 면담을 해 보면 그 집 아이가 인사를 잘하는지 안 하는지 알 수 있답니다.

인사는 학력과 밀접한 관계가 있으며 가족 모두가 함께 노력해야 한다는 점을 잊지 마세요. 어른이 먼저 인사를 잘하는 분위기를 만들어 나가야 합니다.

3단계 놀이 6 누메로 게임

누메로(NUMERO)라는 게임을 들어 본 적 있니? 기본적인 덧셈뿐 아니라 뺄셈이나 곱셈, 나눗셈, 분수와 퍼센트(%) 계산도 할 수 있는 게임이야.

처음에는 만능 카드를 사용하지 않는 기본 규칙으로 하는 것이 좋단다.

〈게임 방법〉
숫자 카드(1~15의 카드, 각 4색, 총 60장)를 각각 5장씩 갖고 2장만 앞면을 향해 가운데에 놓는다. 나머지 카드는 엎어서 가운데에 쌓아 둔다.
차례가 돌아오면 '테이크(take)' '빌드(build)' '디스카드(discard)' 중 하나를 실시한다. 카드를 내면 가운데 쌓아 둔 카드에서 보충하여 항상 손에는 5장의 카드를 갖는다.

● 테이크: 갖고 있는 카드의 숫자와 놓여 있는 카드(1장이든 여러 장이든)의 합계가 같을 때 '테이크'라고 말하고 그 카드를 모두 가질 수 있다.

＊갖고 있는 카드가 7이면 놓여 있는 카드 7을 가진다.

● 빌드: 테이크를 할 수 없을 때 사용하면 좋다. 갖고 있는 카드와 놓여 있는 카드를 더해서 나중에 테이크를 할 수 있도록 준비하는 방법이다. '빌드'라고 외친다. 하지만 빌드를 할 때는 그 답이 되는 카드를 갖고 있어야 한다.

＊갖고 있는 카드 2를 놓여 있는 7에 겹친다(손에는 9를 갖고 있음).

- 디스카드: 테이크도 빌드도 할 수 없는 경우는 필요 없는 카드를 1장 버려야 한다.

이렇게 가운데에 쌓아 놓은 카드가 없어질 때까지 계속해. 그리고 마지막에는 갖고 있는 카드가 몇 장인지 세어서 많은 쪽이 이기는 게임이야.

부모님께—이 놀이를 통해 익히는 힘

사칙연산을 즐기면서 배울 수 있습니다

누메로란 1990년경, 호주의 한 목사가 개발한 카드 게임입니다. 갖고 있는 5장의 카드와 가운데에 놓아둔 카드를 보고 숫자를 만들어 카드를 내는 방법이지요.

카드에 따라 덧셈뿐 아니라 사칙연산, 루트, 제곱, 세제곱 등 여러 가지 규칙을 사용하여 연령이나 실력에 맞추어 난이도를 조절할 수 있는 장점이 있습니다.

이 목사는 알츠하이머 진단을 받고 뇌를 움직이기 위해 이 게임을 생각해 냈다고 합니다. 처음에는 직접 만든 카드로 주위 사람들과 게임을 했지만 이 게임이 알츠하이머에 효과가 있다는 사실이 각 학회에서 인정되어 지금은 호주뿐 아니라 전 세계적으로 유명한 베스트 셀러 카드 게임이 되었습니다.

국내에서는 인터넷 쇼핑몰에서 구입 가능하지만, 집에서 간단하게 만들어도 아이들이 참 좋아합니다. 카드 모양으로 종이를 잘라서 1~10까지 숫자를 적어 직접 활용할 수도 있습니다.

저도 친척 아이와 이 카드 게임을 가끔 해 보는데 모두 이 게임에 푹 빠져서 저만 보면 빨리 그 덧셈 게임을 하자고 조릅니다. 아이들에게 재미있는 게임인 것 같습니다.

평소에 사용하지 않는 뇌를 자극하면 왠지 기분이 좋아지지요. 그것은 어른이나 아이나 마찬가지인가 봅니다. 그런 의미에서도 좋은 게임입니다.

아이와 함께, 혹은 가족 모두가 즐겨 보면 어떨까요?

COLUMN ⑫ 어떤 놀이를 하면 수학 실력이 향상될까?

일반적으로 남자가 여자보다 수학을 잘한다고 하는데 정말 그럴까요?

여러 학생을 가르친 제 경험에서 말하자면 남자와 여자 사이에 차이는 별로 없습니다. 여자 중에서도 수학을 잘하는 사람이 있고 반대로 남자라도 수학을 못하는 사람은 얼마든지 있습니다.

그러나 조금 가르쳐 보면 수학을 잘하는 학생과 아무리 가르쳐도 수학 실력이 늘지 않는 학생의 차이는 분명 있습니다.

이것은 어릴 때 어떤 놀이를 했는지의 차이와 연관됩니다.

인형놀이나 소꿉놀이처럼 여자 아이가 하는 놀이보다 트럼프나 장기, 야구 등 남자 아이가 하는 놀이가 수학 실력을 향상시키는 데 도움이 됩니다.

트럼프든 장기든 야구든 모두 상대와 대결하는 대전형 놀이이지요. 그런 놀이의 공통점은 생각을 해야 한다는 점입니다.

예를 들어 트럼프를 할 때는 'A카드, B카드, C카드 중 무엇을 고르면 가장 많은 카드를 가질 수 있을까?' 고민하고, 또 야구를 할 때는 '1아웃 1, 3루의 상황에서 번트를 할까 안타를 칠까, 그 전에 1루 주자를 도루시킬까?' 등의 작전을 생각합니다. 이렇게 생각하는 연습을 많이 경험하는 것이 수학의 이해력에 직결됩니다.

그러나 여자 아이가 하는 놀이는 협조하는 형태입니다. 모두 사이좋게 하자는 식이지요. 친구와 함께 피아노를 치거나 책을 읽는 것도 훌륭한 놀이입니다. 최근에는 협동성이 부족한 학생을 자주 볼 수 있는데 성별을 가릴 것 없이 남녀 모두에게 이런 놀이를 시키면 좋을 듯합니다.

저는 여자 아이에게 협조형 놀이뿐 아니라 대전형 놀이를, 반대로 남자 아이에게는 대전형 놀이뿐 아니라 협조형 놀이를 권하고 싶습니다.

그런 의미에서 트럼프 같은 카드 게임이나 보드 게임은 멋진 놀이입니다. 대전형 놀이이면서 협동성도 향상시키고 남녀 차이가 있는 팔 힘이나 다리 힘과는 관계없으므로 모두 함께 놀 수 있기 때문입니다.

수학 실력만을 생각하면 대전형 놀이가 좋지만 그것만으로는 이 세상을 살아갈 수 없기 때문에 협조형 놀이도 해야 합니다.

아이에게 여러 가지 놀이를 잘할 수 있는 환경을 만들어 주세요.

4단계 놀이

숫자즐기기

여기서는 수학에 관련된 실험을 소개합니다.
초등학생도 이해할 수 있는 수준이지만,
설명을 하라고 하면 대학생이라도 어려워하는 내용입니다.
이런 경험을 통해 훗날 수학의 이해력이 높아질 수 있습니다.

1 정사각형 만들기

4단계 놀이

정사각형을 여러 개 만들어 볼까?

우선 문방구에서 파는 모눈종이를 준비하자.

한 변의 길이를 1㎝, 2㎝, 3㎝…… 이렇게 1㎝씩 커지도록 정사각형을 그려 봐.

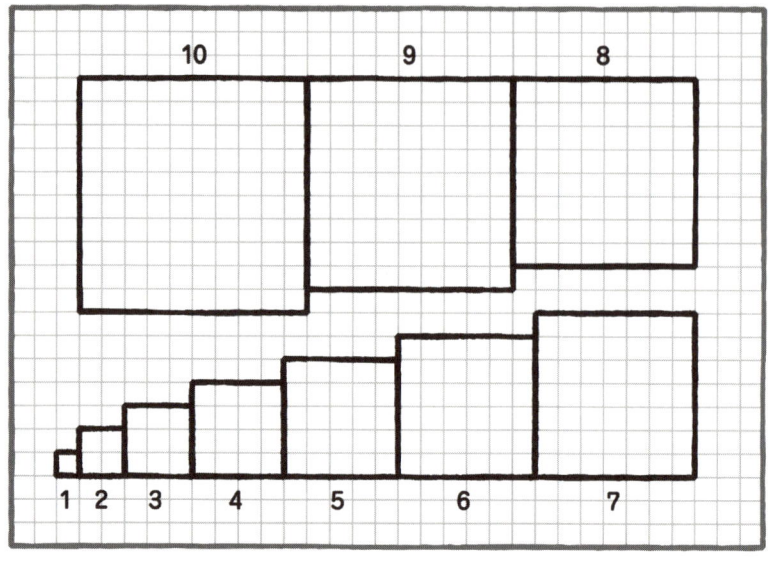

가능한 한 많은 정사각형을 그릴 수 있도록 그려 보자.

그리고 그 정사각형들을 가위로 잘라 나열해 보렴.

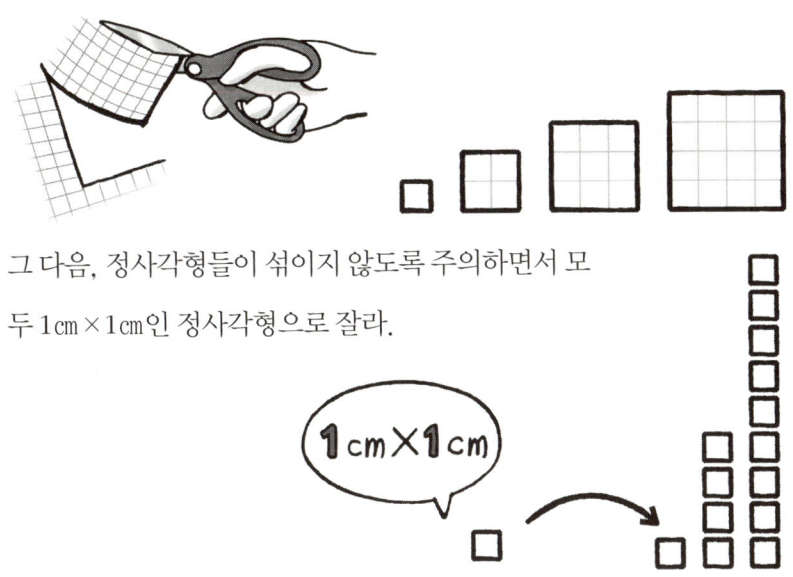

그 다음, 정사각형들이 섞이지 않도록 주의하면서 모두 1cm×1cm인 정사각형으로 잘라.

연습 문제

- 뒷면에 풀을 붙여서 그림과 같이 종이에 나란히 붙여 보자. 어떤 모양이 될까?

부모님께 — 이 놀이를 통해 익히는 힘

예습은 수학 실력을 향상시킵니다

제곱은 중학교 때 배우는 개념이지만 초등학교에서 배우는 정사각형의 넓이 단원과도 연관됩니다.

학교에서 배우고 끝나는 아이와 거기서 발전하여 제곱의 개념을 어렴풋이나마 이해하는 아이는 차이가 생깁니다.

이것은 나중에 중학교에서 제곱을 배울 때 금방 이해하는 학생과 어려워하는 학생의 차이로 나타나지요.

수학을 잘하느냐 못하느냐는 초등학교 때 배운 단원에서 좀 더 깊게 파고들어 생각할 수 있느냐의 여부에 달려 있습니다.

정사각형의 모눈종이를 잘라 제곱이라는 개념을 익히는 것, 제곱의 세계에서는 수가 급격히 증가한다는 것, 그 수의 변화를 그래프에 그리면 활 같은 곡선(포물선)이 된다는 것 등을 간단하게 파악해 두기만 해도 **수학을 수월하게 공부할 수 있습니다.**

4단계 놀이 2 길이 재기

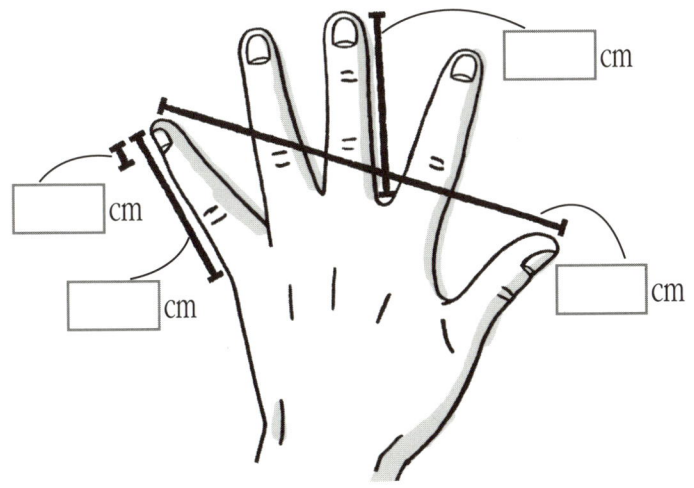

손을 펼친 길이를 재어 볼까?

너무 쫙 펼치지 않아도 돼. 손을 펼쳐서 새끼손가락의 길이, 엄지손가락에서 새끼손가락까지의 길이 등을 자로 재어 보자.

다 재었다면 아래의 빈 칸에 써 보렴.

그럼 여기서 문제!

이 책의 가로와 세로 길이는 각각 몇 cm일까?

지금 잰 손바닥을 자라고 생각하고 빨리 재어 보자!

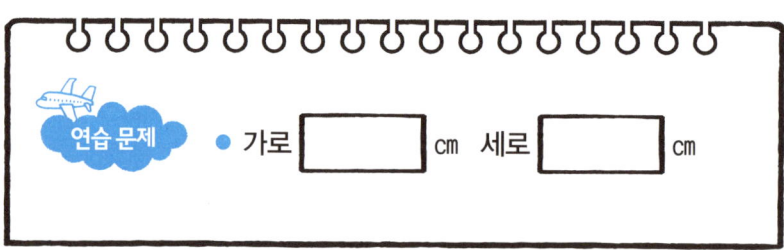

연습 문제 · 가로 ☐ cm 세로 ☐ cm

이번에는 한 걸음의 폭이 몇 cm 정도인지 재어 볼까?
표시가 있는 종이를 바닥에 두고 그 위에서 한 걸음, 두 걸음 걸어 보고
폭을 재어 보자.
한 걸음의 폭이 몇 cm인지 알면 그 다음에는 여기저기 걸어 보면서 몇 걸음인지 세고 대략적인 거리를 알 수 있겠지?

시험 삼아 학교 교실이 몇 m인지, 복도 끝에서 끝까지 몇 m인지 빈 칸에 써 보렴.

연습 문제

- 학교 교실의 앞에서 뒤까지

  ☐ 걸음 × ☐ cm = 약 ☐ m

- 학교 복도의 끝에서 끝까지

  ☐ 걸음 × ☐ cm = 약 ☐ m

> 부모님께—이 놀이를 통해 익히는 힘

주변 환경을 파악하는 데 도움이 됩니다

수학 문제를 풀 때 실제로 측정한 수치가 큰 힌트가 되는 경우가 있습니다.
예를 들어 고등학교 1학년 때쯤 배우는 삼각형 단원에서
'△ABC의 $\overline{AB}$=13, $\overline{BC}$=14, $\overline{CA}$=15일 때 점A에서 변BC에 그은 수선의 길이는 얼마인가?'
라는 문제가 있습니다.
답은 12인데 이 문제는 어느 정도 그림을 잘 그리면 대충 답을 예상할 수 있습니다. 만약 실제 계산한 값이 12와 차이가 난다면 답이 틀렸다고 느낄 것입니다.
또 역에서 집까지 몇 m 정도인지 알아 두면 다른 곳을 걸을 때도 '항상 걷는 거리의 절반이구나!' 하는 식으로 기준을 둘 수 있는 장점이 있습니다.
종이 위에 쓰인 숫자는 의미가 없습니다. **숫자는 생활을 편리하게 할 수 있어야 합니다.**
그러므로 몸의 여러 부분의 길이를 알아 두면 버스에 탔을 때도 버스 좌석의 폭이나 손잡이의 지름 등 간단한 길이를 알 수 있습니다.
일상적으로 **다양한 길이를 알아 두면** 숫자를 들었을 때 머릿속에서 드넓은 세계가 펼쳐집니다.
아이뿐 아니라 부모님도 주변의 길이를 알아 두는 것이 좋습니다. 그러면 아이가 주위 환경에 대해 파악하기 쉬워질 것입니다.

COLUMN ⑬
선생님에게 불만이 있을 때

"선생님이 잘 못 가르쳐서 그 과목 성적이 나쁜 거라고!"
정직한 초등학생보다는 조금 머리가 돌아가는 중학생이나 고등학생 중에 이렇게 말하는 학생이 많습니다.
그러면 저는 그 학생에게 이렇게 말하고 싶습니다.
"그렇게 말하면 너만 손해야."
정말 공부를 잘하는 사람은 어떤 선생님에게 배워도 자기 나름대로 열심히 합니다.
이를테면 자신과 맞지 않는 선생님에게 배워도 그것은 어쩔 수 없습니다. 어떤 과목에서 시험 점수가 나빴다고 해서 "그 선생님하고 안 맞아서 점수가 나쁘게 나온 거야."라고 변명한들 아무도 이해해 주지 않습니다.
결과적으로 남들에게 보이는 것은 그 학생이 받은 점수뿐입니다.
말하자면 어떤 선생님에게 배우든 그 과목의 점수를 높이려고 노력하지 않는 한 사회에서 인정받지 못한다는 의미입니다.
정말 실력이 있는 학생은 아무한테나 배워도 끊임없는 노력으로 성적을 높일 수 있는 학생입니다.
선생님이 나빠서 점수가 제대로 안 나왔다는 말은 결국 본인의 실력이 없다는 뜻입니다.
특히 수학은 이해를 못해도 문제를 풀면 점수를 얻을 수 있는 과목입니다. 즉, 선생님은 관계가 없다고 할 수 있는 과목이지요.
어떤 선생님에게 배우느냐 하는 것은 제비뽑기와 같습니다. 그리고 가르치는 방법이 좋은지 나쁜지 판단 기준도 없습니다.
A학생과는 잘 맞는 선생님이 B학생과는 맞지 않는 경우도 있습니다.
선생님이 잘 못 가르친다는 발언 자체는 이미 수업을 받을 마음가짐이 되어 있지 않다는 의미입니다. 또 아이가 부모님의 태도에서 그것을 배우기도 합니다.

어떤 선생님에게 배우든 그 선생님이 의도하는 바를 파악하는 **이해력과 인내력, 그리고 반드시 점수를 얻어야겠다는 승부욕**을 아이에게 가르쳐 주어야 합니다.

4단계 놀이 3 종이 접기

종이를 절반 접고 그것을 절반 접고 또 그것을 절반 접는 것을 반복하면 어떤 모양이 될까?

금방 할 수 있는 실험이니까 어서 해 보자!

필요 없는 종이를 1장 준비해.

몇 번 정도 절반으로 접을 수 있을까?

더 이상 접을 수 없을 때는 어떤 상태일까?

10번 정도 접을 수 있을까?

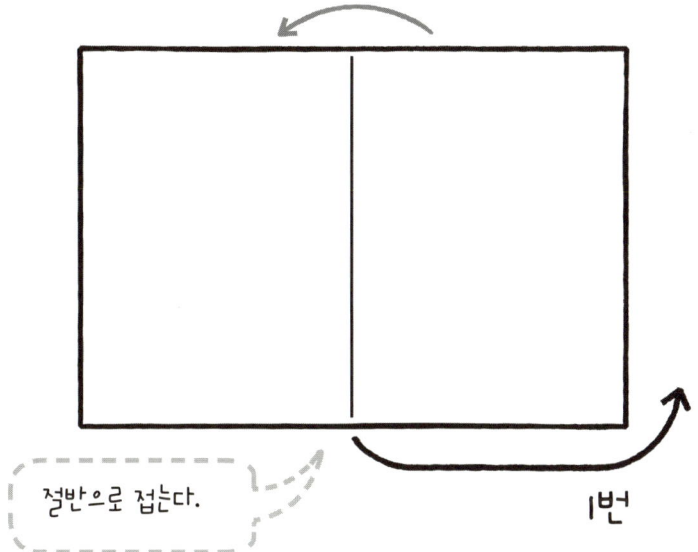

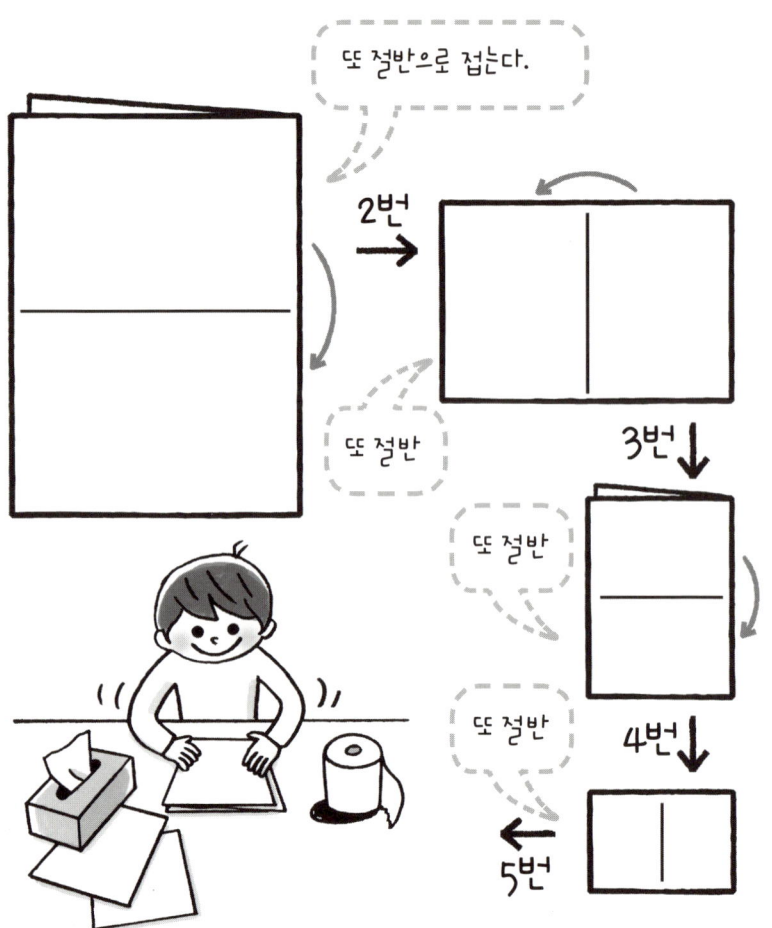

집에 있는 종이로 옆의 그림처럼 접어 보자.

- 몇 번 접을 수 있나? ☐ 번

- 그때의 종이 두께는 ☐ cm 정도

아무리 종이가 얇아도 두께가 있지?

절반으로 접으면 접을수록 그 두께가 두꺼워지고 나중에는 너무 두꺼워서 접을 수 없게 된단다.

1번 접을 때마다 종이 두께는 2배가 돼.

예를 들어 처음 종이 두께가 0.1㎜이었다고 해도 1번 접을 때마다

0.1㎜ → 0.2㎜ → 0.4㎜ → 0.8㎜ → 1.6㎜ → 3.2㎜ → 6.4㎜ → 12.8㎜ → 25.6㎜ → 51.2㎜ →

이렇게 되고 10번 접으면 두께는 10㎝가 되지.

10㎝는 나무판보다 두껍잖아? 그럼 접을 수 없겠지?

휴지나 키친타월, 화선지 등 얇은 종이라면 더 많이 접을 수 있을까? 다양한 종이로 시도해 보자.

부모님께 —이 놀이를 통해 익히는 힘

등비수열을 배울 수 있습니다

배수 게임은 2배, 2배, ……를 반복하면 조금만 곱해도 큰 자릿수가 되는 것을 간단하게 체험할 수 있는 놀이입니다.
아이뿐 아니라 어른인 저도 놀랄 만한 결과가 나오지요.
이런 이야기도 있습니다.

어떤 하인이 주인에게 일당으로 쌀 한 톨부터 시작하여 매일 전날의 2배를 원했습니다. 주인은 그런 하인을 바보라고 생각했지만 얼마 지나지 않아 일당이 쌀 몇 가마니가 되자 주인은 하인에게 계약을 취소해 달라고 울며불며 사정했다지요. 이것은 배수 게임이 얼마나 무서운지 잘 나타낸 이야기입니다.

이렇게 앞의 수에 일정한 수를 곱해 가는 수의 증가 방식을 등비급수 또는 등비수열라고 합니다. 등비급수는 등비수열을 전부 더한 것을 뜻하지만 둘 다 증가 방식은 같기 때문에 같은 의미로 사용합니다.
그리고 매번 곱하는 일정한 수를 공비라고 합니다. 종이 접는 예에서는 '종이의 두께는 공비가 2인 등비수열을 이룬다.'라고 표현합니다.
종이 접는 예에서도 알 수 있듯이 공비가 2라도 상당한 크기가 됩니다. 하지만 사실 공비가 1.1정도라도 등비수열의 위력은 엄청나지요.
예를 들어 1.1을 7번 곱하면 2배 가까이 되므로 1.1을 7번 곱하는 것은 2를 1번 곱하는 것과 같습니다.
대출 금리가 연 10%이면 7년 후에는 그 금액이 배로 늘어납니다. 이 이자는 결코 법률적으로 위반되지 않으므로 실제로 빚더미에 앉은 사람들이 많다고 하네요.
대학 입시에서도 등비수열 문제는 자주 언급됩니다. 그러므로 어릴 때부터 익혀 두면 좋겠지요.
만약 시간이 있으면 2×2=4, 4×2=8, 8×2=16……처럼 아이와 함께 수의 증가를 직접 계산해 보는 것도 좋겠습니다.
실제로 2를 10번 곱한 수(2의 10제곱)가 1,024라는 사실은 자주 사용됩니다. 아이가 어릴 때부터 배수 게임의 어마어마함을 익힐 수 있도록 도와주세요.

COLUMN 14
다 모른다고 대답하지 않는다

제가 운영하는 학원에는 정규 수업 시간 외에 학생들이 질문거리를 갖고 오면 답해 주는 자습 시간이 있습니다.

그런데 자습 시간에 가끔 이런 학생이 있습니다.

"선생님, 벡터를 모르겠어요."

"어떤 부분을 모르니?"

"전부 다요."

이런 대화는 다른 학원에서도 볼 수 있지 않나요? 이렇게 말하는 학생은 보통 어리광을 많이 부리는 성격입니다.

왠지 응석꾸러기 같다고 느껴지는 학생에게 "어떤 부분을 모르니?"라고 물으면 십중팔구 "전부 다 모르겠어요."라고 답할 것입니다.

이렇게 답하는 것은 수동적인 자세입니다. 아무리 그 학생에게 차근차근 설명해도 학생은 멍하니 앉아 있기만 합니다.

선생님이 혼신을 다해 잘 가르치더라도 그 학생은 전혀 손을 움직이거나 머리를 굴리지 않기 때문에 결국 말짱 도루묵이지요.

그래서 이런 학생의 질문에는 대답하고 싶지 않습니다. 아무리 열심히 설명해도 학생의 실력은 전혀 늘지 않고 학원비를 내는 부모님도 돈을 낭비하는 셈입니다. 즉, 아무에게도 이득이 없습니다.

그 학생은 본인이 어떤 부분을 알고 어떤 부분을 모르는지 전혀 파악하지 못하기 때문에 전부 다 모른다고 대답하는 것입니다. 혼자 알아서 잘하는 학생은 예를 들어서라도 문제의 어떤 부분을 모르겠다고 자세하게 질문합니다.

그러므로 조금이라도 좋으니까 그 단원의 설명을 읽어서 모르는 부분을 찾는 노력을 하고 질문하러 와야 합니다.

이 작은 노력의 차이가 수학 실력에서는 큰 차이가 됩니다.

어디를 모르냐고 물었을 때 구체적으로 답하기만 해도 **지금까지 제자리걸음이었던 수학 실력이 몰라보게 늘어날 수 있답니다.**

4단계 놀이 — 4 온도 그래프 그리기

누구나 집에서 간단하게 할 수 있는 실험을 통해 우리 모두 과학자가 되어 볼까?

〈준비물〉

* 스톱워치 또는 초침 있는 시계
* 100℃까지 잴 수 있는 온도계
* 종이컵(클수록 좋음)

① 먼저 실내 온도를 재어 보자.

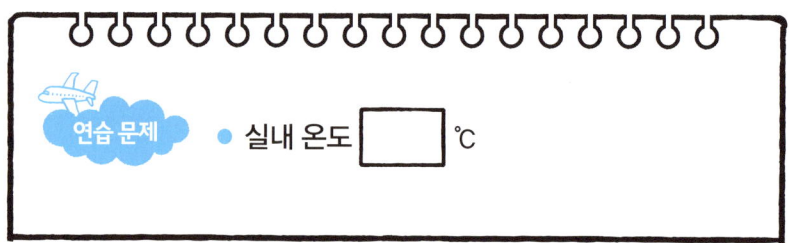

연습 문제 • 실내 온도 ☐ ℃

② 뜨거운 물을 종이컵에 붓고 시간을 재면서 온도를 재어 봐.

연습 문제 ● 뜨거운 물의 온도 ☐ ℃

③ 처음에는 30초마다, 그리고 5분이 지나면 1분마다 온도를 재어 보는 거야.

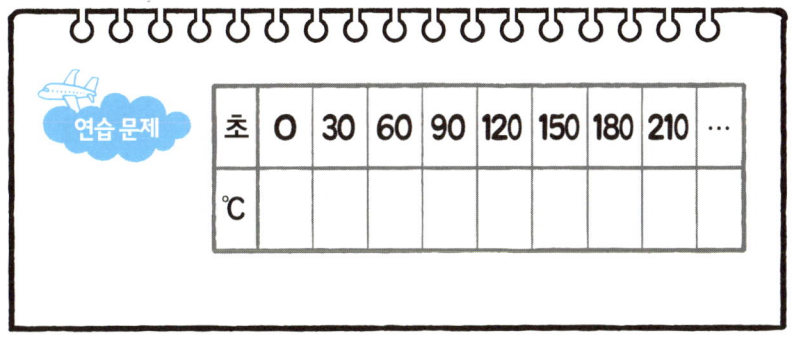

초	0	30	60	90	120	150	180	210	…
℃									

계절에 따라 다르지만 20분 정도 지나면 물의 온도가 실온과 같아져.
그러면 실험 끝!
이것을 그래프로 그려 보자.
꺾은선 그래프도 좋지만 흐리게 연필로 곡선을 덧붙여 그려도 돼.

어떤 그래프가 될까?

여유가 있으면 종이컵을 이중으로 겹치거나 뚜껑을 만들어서 다양하게 온도를 재어 보자.

어떤 식으로 그래프가 바뀌는지 관찰하는 것도 재미있단다.

하지만 뜨거운 물을 사용하니까 데지 않도록 주의하렴.

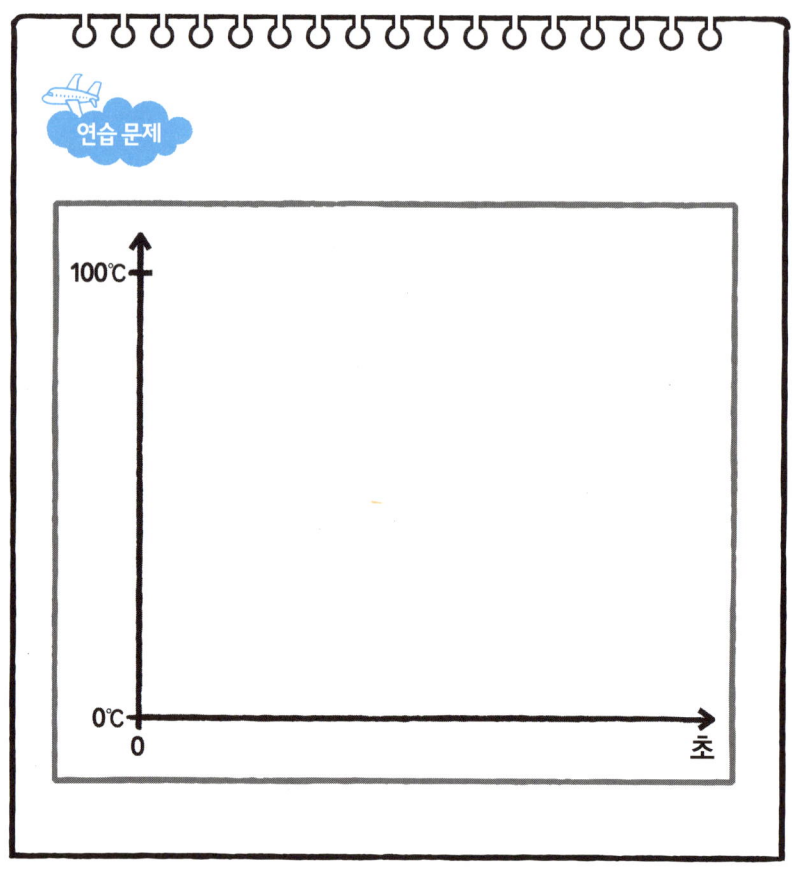

부모님께—이 놀이를 통해 익히는 힘

예측하는 힘을 기를 수 있습니다

실험을 하고 그래프를 그리는 것은 과학 실험 시간에 가장 중요한 작업입니다. 이것에 익숙해지면 실험이 즐거워지지요.

실험을 할 때 선입관을 가져선 안 되겠지만 그래도 어느 정도 실험 결과를 예상하지 않으면 데이터를 얻지 못합니다.

실험에 대한 마음의 준비를 해야 한다는 점이 의외로 어렵습니다.

이 실험도 마찬가지입니다.

물을 가만히 둔다고 수온이 올라가는 것도 아니고 실온보다 수온이 내려가는 것도 아니기 때문에 '아마 이런 곡선이 될 것이다.'라고 예상한 대로 곡선 그래프가 생깁니다.

그런 의미에서 부모님이 먼저 '이런 곡선이 될 거야.'라고 이야기하여 **아이가 예상할 수 있게 하는 것**도 중요합니다.

뜨거운 물을 사용하는 실험이므로 화상을 입지 않도록 주의해 주세요.

COLUMN ⑮
이해하기 전에 문제를 풀자

수학의 첫 단원을 배울 때 어떻게 공부하는 것이 효율적이었나요?
고등학교에서 수열 단원을 배울 때 먼저 교과서에 나온 설명을 읽고 이해하려는 학생이 있습니다.
이 방법은 시간이 걸리는 데 비해 이해를 잘하지 못하는 경우가 많습니다.

전자레인지를 예로 들어 설명하겠습니다.
전자레인지를 사용할 때 설명서를 자세하게 읽으시나요?
처음 전자레인지를 사용하는 사람은 안에 음식을 넣고 스위치를 누르면 데워진다는 사실을 모를 수도 있습니다.
그런 사람은 어떻게 전자레인지를 사용할까요?
아마 다른 사람이 전자레인지를 사용하는 것을 보고 따라하겠지요.
전자레인지를 다루어 본 적이 없는 사람은 설명서를 읽고 전자레인지를 잘 사용할 수 있을지 불안스러워합니다.
하지만 남들이 하는 대로 전자레인지 안에 음식을 넣어서 문을 닫고 스위치를 눌러 보면 작동이 된다는 사실을 알게 됩니다. 일단 이렇게 몇 번 사용해 보는 것이 빠릅니다. 그러고 나서 설명서를 읽으면 여러 가지 응용 방법을 익힐 수 있지요.
구체적으로 전자레인지를 사용한 경험이 있으므로 설명서도 쉽게 이해가 갈 것입니다.

수학도 마찬가지입니다.
수열 문제를 처음 푸는 사람은 교과서를 읽지 말고 우선 예제와 해답을 읽고 따라하다 보면 문제를 풀 수 있습니다.

어느 정도 방법을 알게 되면 교과서를 펼쳐 봅니다. 그러면 거기에 쓰여 있는 한마디 한마디가 금세 와 닿을 것입니다.

그것은 전자레인지의 사용법을 아는 사람이 설명서를 읽으면 내용을 잘 이해할 수 있을 뿐 아니라 복잡한 기능도 이해하는 것과 같습니다.

교과서를 다 훑어보았는데도 점수가 나쁜 사람은 대담하게 **예제를 풀어 보는 습관을 들이면 좋습니다.**

5 바둑알 나열

4단계 놀이

집에 바둑알이 있니?

만약 바둑알이 있으면 그것을 사용해서 놀아 보자.

바둑알이 없다면 구슬이나 작은 돌도 괜찮아.

일단 흰 돌을 1, 2, 3, 4, 5, 6개로 나열해서 삼각형을 만들어 보자.

바둑알은 전부 몇 개일까?

물론 하나하나 세어 봐도 되지만 그보다 더 좋은 방법이 있어.

그림과 같이 흰 돌로 만든 삼각형 옆에 검은 돌로 삼각형을 만들어 봐.

이때 삼각형은 반대로 6, 5, 4, 3, 2, 1개로 나열해. 흰 돌과 검은 돌은 모두 몇 개일까?

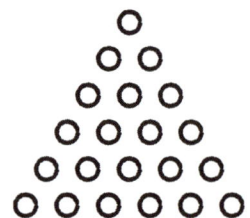

흰 삼각형과 검은 삼각형을 붙여 보면 가로 7개, 세로 6개니까 총 $6 \times 7 = 42$개겠지?

흰 돌과 검은 돌의 수는 같으니까 흰 돌의 수는 그 절반인 21개야.

간단하지?

이런 식으로 1+2+……+ㅁ를 계산하는 경우는

ㅁ×(ㅁ+1)÷2를 계산하면 금방 답이 나와.

마찬가지로 이번에는 그림과 같이 흰 돌과 검은 돌을 나열해서 한 변이 5개인 정사각형을 만들어 보자.

바둑알은 모두 몇 개일까?

흰 돌과 검은 돌을 관찰하면 1+3+5+7+9개야.

하지만 정사각형으로 생각하면 한 변의 길이가 5이지?

그러니까 1+3+5+7+9를 계산하는 경우에는

5×5=25로 계산하면 돼.

어때? 의외로 쉽지 않니?

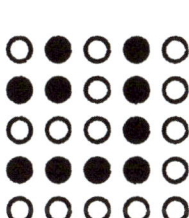

● 연습 문제   ● 여러 가지 계산을 해 보자.

줄		개	줄		개
1줄	·	☐ 개	1줄	·	☐ 개
2줄	··	☐ 개	2줄	::	☐ 개 +3개
3줄	···	☐ 개	3줄	:::	☐ 개 +5개
4줄	····	☐ 개	4줄	::::	☐ 개 +7개
5줄	△	☐ 개	5줄	:::::	☐ 개 +9개
6줄	△	☐ 개	6줄	▦	☐ 개 +11개
7줄	△	☐ 개	7줄	▦	☐ 개 +13개
8줄	△	☐ 개	8줄	▦	☐ 개 +15개
9줄	△	☐ 개	9줄	▦	☐ 개 +17개
10줄	△	☐ 개	10줄	▦	☐ 개 +19개

● 정답은 155쪽 참조

부모님께—이 놀이를 통해 익히는 힘

수열의 이론에 익숙해집니다

이 주제는 최근까지 고등학교 1학년 교과서에 등장했는데 천천히 설명하면 초등학생도 충분히 이해할 수 있는 내용이어서 가끔 중학교 과정에서 다루기도 합니다.

각각 삼각수, 사각수라고 하며 고대 그리스 시대의 피타고라스가 발견한, 역사가 오래된 내용이지요.

어떤 긴 덧셈을 할 때 일일이 더하지 않고 다른 방법으로 매우 간단하게 답을 구할 수 있습니다. 이렇게 **접근 방법을 바꾸는 것**은 익숙해지면 간단하지만 처음 듣는 사람은 순간 당황합니다. 그 당황스러운 기분은 누구나 경험합니다. 단지 그 경험을 초등학교 때 하느냐 고등학교 때 하느냐의 차이입니다.

삼각수, 사각수란 용어가 직접적으로 나오진 않아도 그 개념이 처음 나오는 곳은 초등학교 교과서입니다. 삼각수는 삼각형 모양을 만들 때 사용되는 점의 개수, 사각수는 정사각형 모양을 만들 때 사용되는 점의 개수를 뜻합니다.

고등학생이 되고 나서 그런 방법을 배웠는데 '나만 이해하지 못하나, 내가 수학을 못하나?' 하고 **움츠러들지 않기 위해서라도 어릴 때부터 수열의 이론에 익숙해져야 합니다. 그러면 나중에 반드시 도움이 되니까요.**

부모님들도 아주 오래 전에 수열을 배우셨겠지요. 그래서 '이런 방법이 있었나?' 하고 갸웃하시는 분도 있을 것입니다. 그럴 때는 아이와 함께 신비로운 숫자의 세계를 체험해 보세요.

COLUMN 16
논리적으로 올바른 의견을 말할 수 있으려면?

수학을 공부하는 의미는 여러 가지가 있습니다.

계산력을 길러 사회에 나가서도 복잡한 계산을 할 수 있는 능력을 익히는 의미도 있고 함수의 개념을 공부하여 다양한 숫자를 나열하고 정보를 얻는 훈련의 의미도 있습니다.

하지만 그런 수학적인 훈련보다 더 중요한 효능이 있습니다. 그것은 논리력을 기르는 것입니다.

학생들은 실감하지 못할 수도 있지만 수학을 공부하면 **진실을 꿰뚫어 보는 힘이 생깁니다**. 사회의 본질을 꿰뚫어서 사람들이 모르는 진실을 파헤쳐 낼 수 있고 모두가 느끼지 못하는 위험을 지적할 수 있습니다.

그러나 수학을 공부하지 않고 사회에 나가면 사회의 본질을 꿰뚫어 보지 못하고 주위 사람들의 의견에 끌려가며 혼자만 위험을 간파하지 못합니다.

중학교까지는 의무 교육으로 모두 같은 교육을 받지만 고등학교에 들어가면 문과와 이과에 따라 수학을 다르게 배우지요.

여기서 중요한 점은 고등학교에서 배우는 수학이 인생을 크게 좌우한다는 사실입니다. 고등학교 수학에서 어렵게 익힌 논리력은 살아가는 데 큰 도움이 되며, 열심히 공부한 학생과 수학을 멀리 한 학생은 **논리력 면에서 차이가 납니다**.

그러므로 **문과 진학을 희망하는 학생도 수학을 열심히 공부해야 합니다**.

이과로 진학한 학생은 고등학교 때 별로 공부하지 않아도 대학교에 들어가서, 또는 사회에 나가서도 수학을 접하기 때문에 크게 걱정은 없습니다. 하지만 문과 학생은 고등학교 때가 인생에서 수학을 공부하는 마지막 기회가 될 수도 있습니다. 그러므로 그때라도 열심히 수학을 공부해 두어야 합니다.

"고등학교 때 배운 함수나 벡터는 사회에 나가서 전혀 사용하지 않는다. 그러니 수학은 공부하지 않아도 된다."라고 하는 사람도 있지만 그 의견은 수학 교육의 단면만 본 것입니다. 적어도 이 책을 읽은 분은 '**수학 교육이란 숫자를 소재로 한 추상적 논리력 양성 교육**'이라는 사실을 잊지 않았으면 합니다.

아무리 좋은 학습지도
아이가 쳐다보지 않으면 소용이 없다

어른이 된 지금도 어릴 때와 똑같이 하는 일이 몇 가지 있습니다. 계단을 오를 때는 반드시 숫자를 세면서 올라갑니다. 몇 년 전까지는 프랑스어를 공부해서 'un, deux, trois, quatre……'라고 세었고 최근에는 한국어를 공부하고 있어서 '하나, 둘, 셋……'이라고 세면서 올라갑니다.

강의하러 갈 때 지하철역에 계단이 있는데 길이가 매우 깁니다. 아래쪽은 20개짜리 계단이 2개 있고 그 위로는 조금 변형된 모양입니다. 그 계단을 오르면서 숫자를 세면 몸도 마음도 운동하고 있는 것 같아서 숨은 차지만 재미있습니다.

또 친구나 친척 집에 가서 트럼프를 발견하면 반드시 그 카드가 잘 정리되어 있는지 확인하곤 합니다. 그러다 보면 결국 그 트럼프를 나열하게 됩니다. 손으로만 섞어 보거나 테이블에 놓으면서 나열합니다. 어릴 때도 버스에 타면 승객 수를 세거나 노트가 몇 페이지인지 세었는데 지금 이 나이가 되고 보니 숫자를 세는 것이 수학의 기본이라는 사실을 깨닫게 됩니다.

숫자를 셀 때는 리듬이 중요해서 그런지 음악과 공통되는 것 같습니다. 얼마 전 학생들에게 1부터 30까지의 자연수 중에서 소수는 몇 개 있는지 풀어 보라고 시켰는데 10개라고 답한 학생이 있었습니다. 그래서 숫자를 읊어 보라고 시켰습니다.

"2, 3, 5, 7, 11, 13, 17, 19, 23, 29."

그런데 그 학생을 따라 저도 모르게

"2, 3, 5, 7, (9), 11, 13, (15), 17, 19, (21), 23, (25), (27), 29."

이렇게 탬버린을 두드리는 감각으로 세고 있었습니다. 마치 음악 시간에 리듬을 타는 것처럼 말입니다.

이 책은 제가 마음에서 동요한 순간, 또는 어릴 때의 기억을 떠올리거나 실제로 실험하면서 쓴 메모이기도 하고 개인적인 정석이기도 합니다. 부모님들께는 '아이에게 이런 것을 시키면 머리가 좋아진다.'는 조언이기도 하고, 아이들에게는 '나는 어릴 때부터 이런 놀이가 즐거웠다. 그리고 그것이 지금도 도움이 된다.'는 가르침이기도 합니다. 이런 놀이와 함께 했기에 어른이 된 지금도 아이와 같은 마음을 갖고 있는지도 모르겠습니다.

이 책을 읽은 아이들과 즐거운 기분을 공유할 수 있으면 정말 좋겠습니다. 그리고 그 아이들이 장래 훌륭한 어른으로 성장하면 더없이 기쁠 것입니다.

마지막으로 이 책을 기획하는 데 도움을 주시고 전면적으로 지지해 주신 다이와쇼보의 고미야 구미코 씨, 그리고 많은 정보를 준 학생 여러분에게 깊은 감사의 뜻을 전합니다.

가기모토 사토시

연습문제 정답

● **1단계 놀이 3** 29쪽

정답 31명

풀이 버스에 탄 사람은 모두 32명이지만, 버스 운전사는 손님이 아니니 1명을 빼야 한다.

● **3단계 놀이 1** 90쪽

정답 9385 (7) | 2965 (4)

6492 (3) | 4576 (4)

7293 (3) | 2998 (1)

6879 (3) | 5301 (9)

1935 (9) | 8241 (6)

2849 (5) | 9152 (8)

풀이 9385 (7)→ (3−1+5=7) | 2965 (4)→(2+6+5=13→1+3=4)

6492 (3)→ (6+4+2=12→1+2=3) | 4576 (4)→ (4+5−2+6=13→1+3=4)

7293 (3)→ (−2+2+3=3) | 2998 (1)→ (2−1=1)

6879 (3)→ (6−1−2=3) | 5301 (9)→ (5+3+1=9)

1935 (9)→ (1+3+5=9) | 8241 (6)→ (−1+2+4+1=6)

2849 (5)→ (2−1+4=5) | 9152 (8)→ (1+5+2=8)

● 3단계 놀이 3 100쪽

정답 32,000원

풀이 와인 17,800원→ 호빵 18개 | 치즈 2,980원→ 호빵 3개

땅콩 1,980원→ 호빵 2개 | 주스 2,980원→ 호빵 3개

과자 1,980원→ 호빵 2개 | 초콜릿 3,980원→호빵 4개

총 호빵 32개이니까 32,000원 정도이다.

● **4단계 놀이 5** 146쪽

정답 1줄 (1)개 | 1줄 (1)개

2줄 (3)개 | 2줄 (4)개

3줄 (6)개 | 3줄 (9)개

4줄 (10)개 | 4줄 (16)개

5줄 (15)개 | 5줄 (25)개

6줄 (21)개 | 6줄 (36)개

7줄 (28)개 | 7줄 (49)개

8줄 (36)개 | 8줄 (64)개

9줄 (45)개 | 9줄 (81)개

10줄 (55)개 | 10줄 (100)개

풀이 (삼각수를 구하는 공식)□×(□+1)÷2 | (사각수를 구하는 공식)한 변의 길이에 나오는 점의 개수×한 변의 길이에 나오는 점의 개수

1줄 (1)개 → 1×(1+1)÷2=1 | 1줄 (1)개

2줄 (3)개 → 2×(2+1)÷2=3 | 2줄 (4)개 → 2×2=4

3줄 (6)개 → 3×(3+1)÷2=6 | 3줄 (9)개 → 3×3=9

4줄 (10)개 → 4×(4+1)÷2=10 | 4줄 (16)개 → 4×4=16

5줄 (15)개 → 5×(5+1)÷2=15 | 5줄 (25)개 → 5×5=25

6줄 (21)개 → 6×(6+1)÷2=21 | 6줄 (36)개 → 6×6=36

7줄 (28)개 → 7×(7+1)÷2=28 | 7줄 (49)개 → 7×7=49

8줄 (36)개 → 8×(8+1)÷2=36 | 8줄 (64)개 → 8×8=64

9줄 (45)개 → 9×(9+1)÷2=45 | 9줄 (81)개 → 9×9=81

10줄 (55)개 → 10×(10+1)÷2=55 | 10줄 (100)개 → 10×10=100

23가지 놀이를 통해 3세부터 수학의 개념을 배운다
세 살부터 수학 잘하는 아이로 키우는 책

초판 1쇄 발행 2010년 6월 25일
초판 2쇄 발행 2010년 7월 7일

지은이 가기모토 사토시
옮긴이 김경은
감수자 신항균
펴낸이 김선식

PD 류선미
DD 황정민
팝콘북스 박은정, 류선미, 송은경
마케팅본부 모계영, 이도은, 신현숙, 김하늘, 박고운, 권두리
저작권팀 이정순, 김미영
온라인 마케팅팀 하미연, 정미진
광고팀 한보라, 박혜원
디자인본부 최부돈, 손지영, 조혜상, 김태수, 황정민, 김희준
경영지원팀 김성자, 김미현, 김유미, 유진희, 정연주
미주사업팀 우재오
외부스태프 본문조판 유민경
펴낸곳 (주)다산북스
주소 서울시 마포구 서교동 395-27
전화 02-702-1724(기획편집) 02-703-1725(마케팅) 02-704-1724(경영지원)
팩스 02-703-2219
이메일 dasanbooks@hanmail.net
홈페이지 www.dasanbooks.com
출판등록 2005년 12월 23일 제313-2005-00277호

필름 출력 스크린그래픽센타
종이 신승지류유통(주)
인쇄·제본 (주)현문

ISBN 978-89-6370-274-2 03370

- 책값은 표지 뒤쪽에 있습니다.
- 파본은 본사나 구입하신 서점에서 교환해 드립니다.
- 이 책은 저작권법에 의하여 보호를 받는 저작물이므로 무단 전재와 복제를 금합니다.